大展好書　好書大展
品嘗好書· 冠群可期

宏揚太极精神

发展健身事业

洪啟光

二〇二〇年六月廿四

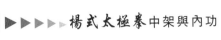
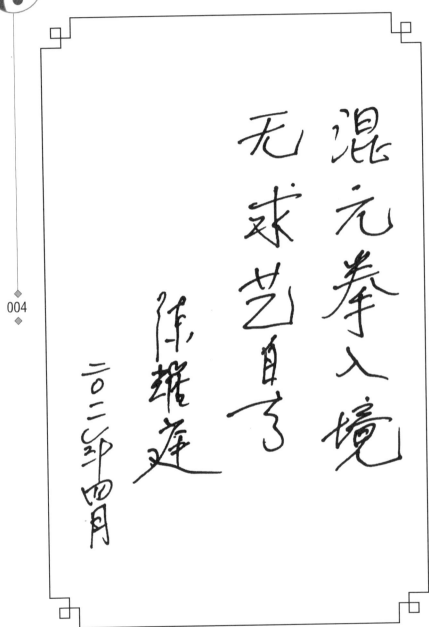

混元拳入境

无求艺自乎

張耀庭

二〇二〇年四月

发掘太极拳术宝藏

弘扬中华传统文化

刘金印题

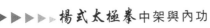
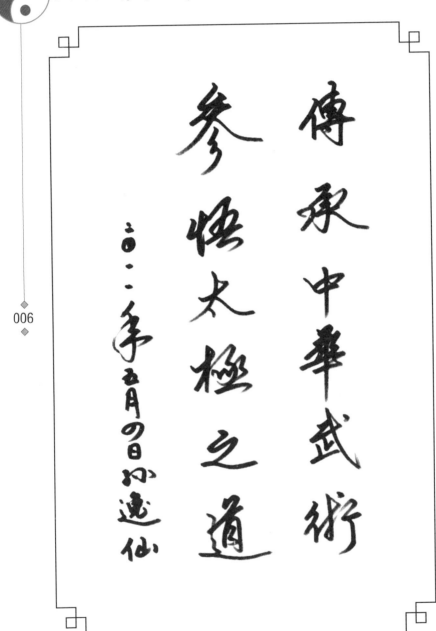

傳承中華武術

參悟太極之道

二○二二年五月〇日於遠仙

# 孫 德 明 簡 介

孫德明，1924年生，天津寶坻人。7歲在寶坻跟宮樂亭村的商寶善（號稱京東第一武術名家）學習楊少侯傳授的小架太極拳。1940年商寶善因抗日被日本人所害，致使傳授中輟。孫德明從此步入自修，但從未間斷小架太極拳的習練。

1953年他進京工作，更加緊了功夫的追求和迫切地尋師訪友，在此期間曾向武術名家馬清藻學過形意拳。

1960年拜在一代名師崔毅士門下，學習楊澄甫的大架太極拳及推手功夫，直到崔老辭世。從藝十餘年，他勤學苦練，堅持不渝，深得崔氏推手功夫的內涵和老師厚愛。

1978年再拜原北京市武術協會副主席、一代名師汪永泉爲師，成爲楊派太極拳入室弟子，主要學習楊健侯傳授的中架太極拳及楊家家傳的推手功夫。經過精心研習和不斷努力，孫德明成爲汪氏第二期入門弟子中的佼佼者。

經過名師的傳授和歷練，他功法全面，集楊式太極拳「大架」「中架」「小架」套路和太極刀、太極劍於一身，推手獨到，功夫深厚，技藝精湛，深得楊式太極拳的眞髓。

他一生別無他好，幾十年如一日，專心研究太極拳，堅持練拳授拳，孜孜不倦，以拳誨人爲樂，從學者眾多，而且不取報酬、不辭辛苦、毫不保守，使後學者受益頗豐。

現八十多歲高齡的他，身體康健，神完氣足，終日以太極拳和學生爲伴。人品正直、道德高尚、武技純眞，爲後人效習之榜樣。

# 序　一

　　太極拳是廣大群眾喜聞樂見的優秀的傳統體育項目，國家體育部門早在20世紀50年代就將太極拳列爲武術比賽項目，也是全民健身運動中最重要、最受歡迎的運動項目之一。

　　太極拳在我國有著悠久的歷史，像其他拳種一樣流傳至今已分有很多流派，現在社會上看到的大致分爲陳、楊、吳、武、孫、李等式。現今在國家體育總局領導下，在各級武術協會的組織和推動下，以習練24式簡化太極拳的人最多。

　　早在20世紀50年代，爲了便於推廣，國家體委組織有關專家和傳人以楊式太極拳爲基礎，綜合了其他太極拳的優點，創編了24式太極拳套路。在毛主席提出「發展體育運動，增強人民體質」的方針指引下，全國掀起了以練習廣播體操、工間操、課間操爲主要內容的全民健身運動，後又增加了一項具有我國民族特色的簡化24式太極拳。

　　經過幾十年的實踐，證明了太極拳運動對於人類的健康起到了很好的作用。爲了使廣大太極拳愛好者在鍛鍊過程中更好地瞭解和認識傳統太極拳的理論和

鍛鍊方法，進一步提高鍛鍊效果，北京市武協汪永泉
太極拳研究會專門組織了一些有志於繼承先輩留下的
太極拳文化和技術的老師，根據自己畢生體驗，共同
研究，並在大量資料基礎上以孫德明老師爲主編著了
一套《楊式太極拳大架・中架・小架系列解析》叢書，
（並被列爲北京市哲學社會科學「十一五」規畫項
目），這對於進一步全面繼承楊式太極拳起到重要作
用，也爲楊式太極拳健康地沿著正確的理論和技術發
展作出了重要貢獻。

　　當前恰值和諧盛世，我們有責任、有義務在推廣
太極拳運動之時，更好地領會、理解傳統太極拳的理
論理念和練習方法，在全面繼承傳統太極拳的基礎上
進一步發展和提高現有的技術水準，而不是把練習太
極拳的動作只停留在四肢運動的太極操上，以便爲太
極拳架注入更加豐富的內涵。可以預見，太極武學文
化深入研究的前景是光明的。

北京武協副主席、北京武術院院長　　吳彬

　　我父親汪永泉傳授楊式太極拳的一生中，從學者眾多，正式收徒的只有兩批，第一批5人，第二批6人。孫德明是第二批中早已有太極拳功底的一位。

　　孫德明跟隨我父親汪永泉學拳之前，曾跟隨楊澄甫的另一位弟子崔毅士學習太極拳10年。在「文革」期間，崔老師遭受迫害，孫德明未回避政治風險，仍堅持學拳並給予老師經濟上、精神上的援助。

　　孫德明為人謙遜、實在，很有人緣。崔老師去世後，孫德明十分仰慕我父親的太極功夫。他態度誠懇，追求執著，於是隨同中國社會科學院齊一、王平凡等人一起於1980年成為第二批入室弟子。現在，我父親的入門弟子中，健在且技擊內功深厚的首推孫德明了。

　　孫德明較好地繼承了我父親傳授的太極拳養生和技擊兩種練法，這也充分說明我父親對他做人態度、功夫根底和勤奮好學的認同與偏愛。家父在中國社會科學院教拳期間，前後有幾十人參加學拳、練拳。授課之前，大都先讓孫德明帶領大家打拳，可見家父對他的器重。

雖然孫德明早年學過其他拳術，僅太極拳就先後歷經過三位老師，但在他接觸、體驗汪傳太極拳功法後，盡心竭力地刻苦鑽研、用心領悟，對以往所學由表及裡，去偽存眞、去粗取精，使他的太極拳功夫又有了長足的進步，所以他的推手功夫帶有濃厚的汪脈風格。

　　而今，孫德明不顧85歲高齡，每天仍練功不輟，同時還爲傳承這一文化遺產作著不懈努力。2006年4月，在我父親去世近二十年之際，眾多汪脈傳人和拳友召開的「紀念汪永泉老師」大會，孫德明是積極的支持者，並且在大會上做了表演。「永泉太極拳研究會」成立前後他也是積極參加和全力支持。

　　現在，孫德明與他的學生們一起研討太極拳眞功的奧秘，擬將多年的體驗、感受與拳架練法整理成書，傳承與弘揚楊式太極拳，作爲汪永泉之子，我深感欣慰。太極拳是中華傳統文化精華的組成部分，若有更多的人喜愛、傳承、挖掘和推廣，必將能夠更好地造福於人類。


永泉太極拳研究會會長　　汪仲明

# 　

　　孫德明老師要出書，邀我作序，我雖覺得沒資格，卻又義不容辭。

　　說起來，這裡還真有小故事。1977年春，「四人幫」垮臺剛過半年，我從外地回家養病期間，重返久別多年的北京東單公園。那時，北京天橋的昔日風光已去，東單公園卻新增了一個「小天橋」的別號。外人有所不知，那意味著老天橋各種傳統把戲，滅跡之後略始復蘇，轉移到東單公園。然而我自己關注的，卻是東單固有的太極拳。有一天我因故未去晨練，次日見大家興高采烈、沸沸揚揚，議論昨日有個外地拳友以請教為名，違反不成文的規矩，向一北京拳師暗發其勁，不料連跳帶滾直線出去十多米遠；事後勉強起身，即刻下跪要求拜師，遭到拒絕。我為錯過這精彩的場面，深感遺憾。近三十年後才得知，當年取勝拒拜的，正是孫德明老師。

　　和孫老師真的相識，已經是2006年春，地點仍是東單公園，孫老的拳場。那時，汪傳楊式太極拳幾代傳人，在汪永泉宗師故去近二十年後，用了一年時間醞釀召開紀念汪公大會。為此廣泛聯絡汪脈拳師。我

在脈裡輩分小，短短時間裡近距離集中接觸那麼多脈中前輩，時時感到新奇與興奮。這次前往東單公園，經過汪公之子汪仲明老師的介紹與聯絡，知道大家多年來有所疏離、缺乏溝通，心裡難免忐忑。不料孫德明老師平實坦蕩、雙手擁護汪脈聯合，偕同全體學生弟子熱情歡迎大家，當場真心交流，令人感動之餘，信心倍增。

後來證明，孫老擁護聯合絕非敷衍，他的拳場的確對大家開放；每次的重大活動，他都欣然參加；大家發言，他年邁耳背聽不清楚，仍說「聽不見我也不走，我支持」；他把自己目前最得意的三個弟子（楊瑞、馬京鋼、李貴臣）派進永泉太極研究會，足見其表裡如一。

我存有孫老沉思不語時的肖像，充分顯示其大師風範，很有分量，是非常耐看的。然日常交流中，他卻是個其貌不揚的小老頭，和藹可親，大街上遇見，你不會想到他是一位資深的武術家。而再看到他發勁時的意氣風發，又令人生起「靜如老叟動英豪」之感。

青年時代孫德明在農村，那時血氣方剛。他講：「有一次半路遇到鬼子『清鄉』要抓他。咳，上來就一個大背挎。我一想，今兒個我就死你手裡！那時我愣啊，手黑著呢，我一伸手就把他撇了。」所幸交手的日本人是個練家，敗後伸出拇指以示敬佩，把他放

了。而孫老的舉止作風，至今透著永不服輸的傲骨。

　　孫老師顯得不愛說話，可是一旦把話匣子打開，便會滔滔不絕：老北京逸事和風土人情、武林典故、宗師的教誨、自己的人生故事、脈內師承和拳架勁路與拳理功法，用他那獨特的京腔一一道來。他總是帶人打拳，有時卻站在一旁，默默觀望學生練拳揉手；也有置身事外，如入無人之境的時候。

　　老人家歡迎「摸手」，來者不拒。揉手總是帶著講解啓發。每當得機得勢時，他返老還童地「嘿嘿」一笑，伴以「壞了，壞了」的口頭禪，既開心又慈祥，意思是說對方失利，要被發出去。對年輕弟子他發得又脆又遠；上了歲數的，用「問送勁」發出去，又一定拉回來，決不讓任何人受傷——爲人師表，皆在其中。他的太極拳功法，「練」字當頭，「說一千、道一萬，一句話——練」。

　　孫老一生別無他好，一心體悟太極拳。問他究竟爲何，答案讓你震驚，也讓你回味，「那裡頭有文章，不練不知道」。他每天打拳教拳，合起來有足足十個鐘頭。祖師「不許傳」的遺訓是個沉重的緊箍咒，曾經長期困擾過孫德明。然而孫老師越活越明白，他說：「東西一定不能帶走，絕對不能讓它失傳。」

　　孫老師7歲從楊式小架學起至今，「拳齡」小八十年了，受過太極拳大師崔毅士（10年）和汪永泉（10

年）的親手培養，是汪公第二期入門弟子中的佼佼
者。孫老如今思想開放，又有幾十年的太極拳教齡，
在學生們的幫助下，他總結經驗，著書立說，仔細歸
納畢生心血之所得，要爲弘揚太極拳和中國傳統文化
再作新貢獻，這是拳界一大幸事。

　　願孫德明老師正直的人品、高尚的道德成爲後人
做人、學拳的楷模，願他的著作成爲太極拳愛好者深
入探討太極拳奧秘的良師益友，也期盼全國太極拳同
仁，發揚文武雙全的精神，紛紛加入挖掘、拯救、整
合傳統太極拳遺產的工作，使其發揚光大。

　　　　　　　永泉太極拳研究會秘書長　蕭維佳
　　　　　　　　　　　　　　於北京木樨地

太極拳是一門文武兼修的功夫，顧名思義，「太極」屬於文化範疇，「拳」屬於武功範疇。太極拳中文化的傳承具有深遠的淵源，較早的依據是《黃帝內經》及道家思想和道教的經典及導引術、丹經、元氣論、治生之術等。因此，可以說，太極拳是中華民族悠久文化的一部分，其理論根據、內功練法與養生術，均彰顯著古代文明的光彩，而且體現著一脈相承。如今，太極拳已受到世界科學界、醫學界、體育界的重視與關注，其中高深奧秘的生命科學內涵，必將廣泛地造福於人類。

　　既然武術又被稱為拳道，太極拳作為武術的一支奇葩，更是內功、拳理、拳架緊密結合的產物，具有深遠的中華文化淵源。從現代科學研究成果看，那些過去人們認為玄妙、不可詮釋的現象，正在被逐步破解。而僅有理論上的繼承、探索還是遠遠不夠的。武術的特點及其使命是透過實踐，將這門珍貴的文化傳承和發展下去。

　　楊式太極拳的宗師，正是以自身的體驗，將太極拳的精髓較完整地保持、傳授下來。汪永泉先師自幼

直接在幾位大師教導下得到眞傳，終生不輟地習練，並使之延續下來。作爲汪師的弟子、再傳弟子，更有責任和義務把汪脈太極功夫承傳下去，不遺餘力地回饋社會。

關於太極內功的練法，共分兩大類：一爲技擊練法，一爲養生練法。汪老教拳時，總要問一下初學者：你要學技擊，還是學養生？這就說明兩種練法是有區別的，又是相互聯繫和彼此互補的。技擊練法本身也具有養生功能，養生練法必有助於技擊，二者之間相輔相成、相互使用。

本系列書將內功練法與中架套路結合、養生練法與大架套路結合等，並非要割裂這些套路與練法，而是希望儘量詳細地對兩種練法分別加以說明。

實際上，無論哪套拳架都有技擊、養生兩種練法。如果堅持不懈，還可產生異曲同工之效應。只是對初練者，特別是已經進入中老年的初練者，區別練習更有助益。

內功的技擊練法就潛藏在拳架的運行之中。僅練拳架調動的是人的經絡之氣，在此基礎之上，加以腰功、腿功、技擊氣功、技擊意念及招法的訓練，便可形成混元之氣，促進技擊內功的培養。

汪老到了晚年，喜歡在兩個式子中間加一些過渡的小動作，就是爲了調養中和之氣。要求不僅做到姿勢的圓活一氣，也要做到神、意、氣的融會貫通。因

此，在三者一時難通之處，加上一些小轉換，有利於整套拳路舒暢展開。

　　孫德明老師承襲了汪老的特點，比較重視過渡動作，並且非常留意內功的運行。他常對我們說的一句話是：走活了，走合了，鬆上走。在習練中，大家都體會到這不是僅練外形就能達到的標準，一定要追求內外相合、上下相隨，並做到以意導氣、以氣運身、一動無有不動等要領，僅僅一個「鬆」字，就夠練一輩子的。技擊內功練到一定程度，才能達到無形無象將對手擊出的效果。

　　中國是太極文化的發源地，有義務和責任將這項惠及人類的功夫繼承、傳播、發揚光大。

# 目　錄

# 中架拳理釋疑

## （一）什麼是楊式太極拳中架套路？

關於楊式太極拳中架套路，有不同的說法。有人認為：中架套路共分為陰手陰腿、陰手陽腿、陽手陽腿和陽手陰腿四個拳架，是楊式太極的入門架子。目前社會上流傳的是陽手陽腿和陽手陰腿拳架，也就是通常所說的虛腿拳架和實腿拳架，並認為中架套路有踐步栽捶和二起腳的動作。這與汪永泉先師所傳的中架，相距甚遠。

以上拳架應為同一拳架的不同訓練過程，哪套架子都可以分階段練習。汪老所傳的中架拳路，也不是那種同一拳架的高、中、低三個版本之一。因為，這種說法的前提是這三個架子的名稱順序都一樣，只是拳架外形上有些高低不同而已。實際上，大、中、小三套拳架，遠不是開展與緊湊的差別，更不僅有高度上的差距。

因此，拳界比較普遍的說法更接近此套中架的特點，即中架套路是由小架套路改編而來，楊式太極拳由楊露禪師從陳長興所授太極拳衍化而成。經過長期習練、體驗，自成一脈，傳統稱為「小架」。

在此基礎上，楊露禪及其子楊健侯對原有的一些縱跳、震腳、短促猛烈發勁動作進行了改動，由楊健侯定爲中架子，只在楊家內部傳授。與小架相比，更爲舒展大方，更追求內氣的調動與運用，強調內外相合的整勁，並以陰陽虛實爲要領，形成獨具特色的拳法。

由汪永泉先師傳下來的中架拳路，並未廣泛外傳。他對這套拳的奇異威力有深刻的領會，他曾對個別徒弟說過：「不是不想教你們，是怕將來傳出去惹事。」此外，這套拳主要走內氣、內勁，沒有一定功力的學練者，很難在短時期內學會。

孫德明老師自幼師從著名拳師十餘年，打下了牢固的武術功底，又師從崔毅士大師，最後在汪老門下練成太極內功。汪老習練這套拳時，孫老師便可以看懂幾分招術和心法，在這種情況下，孫老師才在較短時期內得到了汪老的真傳。

孫老師原本也無意將這套中架外傳，只教了極少數徒弟。如楊瑞、馬京鋼、李貴臣等。直到非典時期，孫老師見到許多生命短期即逝的景象，深感傳承汪脈楊式太極功夫的緊迫性，這才公開教授這套拳法。

這套拳架非常精細，動作緩和，圓活連貫，以練內功爲目的，用來養生與技擊，均可收到極好效果。最終達到剛柔相濟、以柔克剛的境地。

楊譜「太極文武解」說：「文者，體也；武者，用也。文功在武用於精、氣、神也，爲之體育；武功得文體於心身也，爲之武事。」練的過程統稱爲「文」，將練出的招術用於推手、技擊才能稱之爲「武」。文是武的前提

與基礎。

前人留下的老拳譜裡，有一些內容含義深刻，是揭開太極拳深層功夫的鑰匙。但是，如何理解這些深奧的含義，則需要進一步挖掘。楊式太極拳以內家功法著稱。有將功法的側重區別內家拳和外家拳的。也有人認為：「外家拳」指的是出家人練的拳，在五代由達摩祖師傳入。最早的易筋經、羅漢功均為健身之用，後結合《五禽戲》創作五拳（王新午的《太極拳闡宗》）。

其實，無論怎麼樣界定，都是相對的，只是偏重而已，沒有絕對的內外之分。

太極拳也稱長拳，楊譜（《清代楊氏傳鈔老譜》，後同）在解釋長拳練法時說：

「自己用功，一勢一式，用成之後，合之為『長』，滔滔不斷，週而復始，所以名『長拳』也。萬不得有一定之架子，恐日久入於滑拳也，又恐入於硬拳也，決不可失其綿軟。周身往復，精神、意氣之本，用久自然貫通，無往不至，何堅不摧也！」

楊式太極拳中架的練法，是本著上述要求訓練的。同時，有養生與技擊之分，本冊介紹的是技擊內功練法。這兩種練法同樣適用於小架與大架套路。

## （二）技擊練法與養生練法有何不同？

一般師從過汪永泉先師的人都知道，汪師接收新學員時，總要問一句：你是學技擊，還是學養生？可見，這兩種練法的不同。

從字面上看，兩種練法的目的性有所不同；從內容上

看，技擊練法比養生練法多出很多招術、身形、手勢、腿法等，並且在內氣運用上也有所不同。

養生的內氣是經絡氣與渾元氣一體的，練出的氣圈稱「乾三連」，可以根據需要按經絡運行，調理肌體內部的器官、各大循環系統，尤其是神經系統、肌肉筋骨等，以利養生。而技擊氣圈不僅分肩圈、腰圈、胯圈，而且要從中斷開，分成六個氣圈，稱「坤六斷」，這些氣圈各有各的作用，更益於靈活多變的拳術。

從方法上看，技擊練法對腰腿功夫要求比較高，並且要求假想「前方有敵」，在技巧、靈敏、速度、意念、內功上的訓練也與養生練法不同。

從結果上看，單練養生拳架是不可能練出技擊功夫的，但是養生練法可以作爲進一步練技擊內功的基礎方法。單練技擊拳法，如果意念無敵，不頻繁發放內氣去「降龍伏虎」或「隔山打牛」，也可以起到養生作用。

因此，汪老的學生大多傾向於學習技擊練法，即便技擊內功練不成，也可以養生。由於技擊內功的魅力不可抗拒，阻擋不住原本基礎條件很差的人。對於初學者，按照拳架套路模仿下來並不難，難在內功勁法如何上身，以及在實際應用中發、落、點、對的時機捕捉。見到過真正太極高功的人，無不爲其博大精深、出神入化而折服和沉迷，正由於太極拳是有生命力的高超功夫，才具有那樣深遠的影響。

但是，對初學者來說只練內氣、內勁，不會拳法也就沒有技擊功用。因此，必須經由對拳術的精通、熟練，內氣、內勁才能借助形體的靈活變化，按照最行之有效的通

道發揮威力，以便日後達到無形無象的境界。關於太極拳基本要領鬆、柔、自然的根據，也是來源於老子「貴柔」「守柔」的觀點。

相關的論述有：「天下之至柔，馳騁天下之至堅。」「天下莫柔弱於水，而攻強此莫之能勝。」「弱之勝強，柔之勝剛，天下莫不知，莫能行。」這正是太極拳宣導用意不用力的理論根源。

老子認爲：「反者，道之動。」這就給太極拳理論注入了辯證思維的基因，使一切方法、運動、功法都有了對立統一的性質。因此，「有無相生，難易相成，長短相形」。舉一反三，可以包羅萬象。這種對立統一的性質不是固定的，是在不斷的轉化中，所以說：「正復爲奇，善復爲妖。」在拳譜中這類例子也不少，如老拳譜所說：「順人之勢，借人之力。」太極拳經歌訣有「意上寓下後天還」之說。都說明了這個道理。

而達到這一轉化的途徑並非強制，而是「不爭」，即「兵強則滅，木強則折」，由「道」的沖虛而不盈滿的狀態使對立態勢自行轉化。這也是太極拳之不同於其他拳種的特徵——柔弱勝剛強的思想基礎。遵崇「無爲自化，清靜正自」的原則，正是太極拳十三勢中「中定」爲最重要的一勢的原因。技擊練法是太極原理、內功與拳術的有機結合。

不容否認，太極拳之所以能夠產生神奇的力量，內氣在其中起著關鍵的作用。內氣看不見，摸不到，許多人追求一輩子仍無法練就。因此，內氣始終是太極拳同道孜孜以求的東西，這裡僅作力所能及的探討，尚有許多奧秘，

留待專業人士們深入研究。

雖然養生、技擊練法不同，但是無論何種練法都是遵循同一規律。絕對不能因目的性、作用與方法的些許差別而混淆，練出偏差，更沒必要將二者截然分開。有人先練技擊功法，但練到一定程度，反而覺得養生才是根本，放棄各種招式、勁法，只求經絡、內臟、各大循環系統與精神的舒適和通暢。也有在養生練法中徘徊多年的人，想把體內的功力疏通出去，尋找技擊功夫的奧妙。這些都說明雖各自練法有異，但拳理一致，拳術歸一，最終利用的是一個東西，即中和之氣。

提高到一定層次，所有招式都化為內動，外形只為指明對方來勢的方向。摸到對方的滯點，體驗對方力度的大小，或吸引對方的來力。

特別是進攻時，全憑對方來力將其反彈出去，自身並無主動出擊之意。並且在無形無象的情況下，對方會感到有一種說不出來的衝擊波湧向某一部位，或者全身都被拔起拋出，完全失去反擊能力。

老拳譜說：「先求開展，後求緊湊。」到底開展、緊湊到何種程度呢？應該就是無形無象，看不到動作為止。這就是有人要反對練招的誤區，不是沒招，而是將其化為微妙之動作而已，這也正是純養生練法不能技擊的原因之一。

## （三）如何理解氣與太極拳的關係？

見到過太極拳高功表演的人，對於沒有太大動作，並不用力，就能將人發放出很遠的景象，無不驚詫、疑惑、

好奇，感到有趣又百思不得其解。有人甚至從此踏上了漫漫的求索之路。

這種太極內功的外在表現，是什麼在發揮動力效應？一般認爲是由淺入深，循環往復，逐漸增強的精、氣、神，起主導作用的就是「氣」。

張介賓注疏《內經》時說：「故先天之氣，氣化爲精；後天之氣，精化爲氣。精之與氣，本自互生。」從而清晰地闡明了氣與精相互作用的辯證關係，同時也指出了「精氣」是「神」的基礎，「精氣既足，神自王矣」。雖然神的旺盛與否取決於精氣，但神又可以反過來主導精氣，「雖神由精氣而生，然所以統馭精氣而爲運用之主者，則又在吾心之神，三者合一，可言道矣」。由此看來，使精氣用於養生、健體、技擊的還要靠神。這三者都屬於無形物質，在內功訓練中起著決定性的作用，尚有待於科學深入地探討、驗證。

佛教還有法身、真身之說，認爲法身是不隨真身一同寂滅的。佛教主張修煉「自性」，唐代惠能法師說：「無一法可得，方能建立萬法，若解此意，亦名佛身，亦名菩提涅槃，亦名解脫知見。」與道家「無爲」思想、太極理論如出一轍。

楊譜《大小太極解》說：「太極練法，以心行氣，不用濁力，純任自然。筋骨鮮折曲之苦，皮膚無磋磨之勞。不用力何能有力？蓋太極練功，沉肩墜肘，氣沉丹田。氣能入丹田，爲氣總機關，由此分運四體百骸，以氣周流全身，意到氣至。練到此地位，其力不可限量矣！」

楊譜《太極陰陽顛倒解》說：「蓋顛倒之理，水、火

029

二字詳之，則可明。如：火炎上，水潤下者，水能使火在下而用水在上，則為顛倒。然非有法治之則不得矣！……故云：一而二、二而一，總斯理為三，天、地、人也。」楊譜所說的一應為氣，二應為陰陽，具體到拳法上楊譜《太極體用解》中說：「理為精、氣、神之體，精、氣、神為身之體。身為心之用，勁力為身之用。心、身有一定之主者，理也。精、氣、神有一定之主宰者，意誠也。誠者、天道；誠之者，人道。俱不外意念須臾之間。」

在瞭解物質與氣的關係後，才能理解、掌握太極拳體與用、文與武的關係，才能進一步從深層次練好太極拳，並使廣大人群能夠懂得太極拳原理，服務於養生與防身。

與太極拳內功緊密相關的氣，為什麼會起那麼大作用？東方的哲學研究在這方面已經有了解釋：原來宇宙萬物本性相通的依據，就在於「氣」。而人要想實現主客觀完全相通，也必須有能力利用和依靠「氣」（劉長林的《中國象科學觀》）。

這在太極拳譜裡，也有所闡述。比如：楊譜《太極體用解》一文中提到：「要知天人同體之理，自得日月流行之氣。其氣意之流行，精神自隱微乎理矣！夫而後言乃武、乃文、乃聖、乃神，則得矣。」也可以說，太極拳正是天人合一理論的典型應用，是中華傳統哲學的真實體現。從一個側面說明、印證了這一不同於西方哲學的世界觀和宇宙觀。

我們知道了練太極拳首先要明白的道理，如何解釋天人同體、日月流行之氣，它與中華傳統文化有何關聯，氣為何能由意識起到巨大的能量作用，內氣是怎樣練成的，

爲何要從鬆、散、通、空切入主題，對於太極拳理論與練法的挖掘有無現實意義等。

針對這些問題，我們從記錄孫德明老師所傳楊式太極拳大、中、小架與技擊用法入手，對太極拳的起源、傳承，有關養生、內功、技擊等各項功法的習練，在實踐中存在的疑點、難點和相關的理論問題，進行了初步的探討。以大、中、小拳架分冊編著爲系列叢書，以便拋磚引玉，開展更爲廣泛有效的研究和交流，更好地爲全民健身運動服務。

## （四）如何領悟氣與道？

中國古代關於「萬物一氣是根本」的原理，可以見諸許多哲學、醫學、宗教之類的書籍中。漢代道書《太平經》說：「天地者，元氣之所生，萬物之所自焉。」並認爲「元氣有三名，太陽、太陰、中和；形體有三名，天、地、人」。已清晰地指出元氣在人體稱爲中和之氣，與形成天地的元氣同爲一物。「元氣無形，以制有形」。這也應該就是太極拳追求「太極元氣」的根源。太極拳正是本著「萬物一氣是根本」的原理，從人體基元練起。漢代道書《太平經》中明確論述了「元氣」的概念：「天地者、元氣之所生，萬物之所自焉。」

西方古典哲學對於世界起源於氣的學說，也不少見。當代哲學家葉秀山在談「道」時說，「道」就其小而言，又類似希臘原子論的「原子」，希臘哲人認爲「原子」因爲太小而不可分、看不見。

又說，道就其「小」「精」「微」而言，很像古希臘

哲學早期理解的「靈魂」，而且「道」既「小」又「大」，既「虛」又「實」，既「靜」又「動」，這種「活」的與「生命」「發展」結合起來的辯證法，被黑格爾稱為「絕對」。「絕對」是大千世界的「種子」，與「道」相似（葉秀山的《葉秀山文集》）。

當代氣功理論研究中有類似的觀點，「氣作為宇宙本原，既是實在，又是功能；既是規律，又是資訊；既是本體，又是現象」（劉長林的《中國象科學觀》）。

人體中的水、氫、氧、碳、氮、磷、鈣、鐵、硫、鈉、鉀等常量元素的含量比例與地球相似，大部分微量元素的含量比例也與地球相似，人的意識與初始混元氣的體性近似，人體也與物質世界一樣，具有物理、化學、生物等的運動形態。

據 2007 年 10 月 10 日美聯社華盛頓電訊報導：近來，美國天文學家發現，人類來源於太空氣體分子。這些氣體分子形成於特大品質黑洞吹出的風。它們在類星體高溫中聚集成簇，形成塵粒，最終形成恒星及星球上的一切，包括人類的形成。

由此看來，西方現代科學正在從另一方面印證東方古老文明的精髓。太極拳理論正是建築在這一物質起源的基礎上，依據這一原理，才有了道家、道教及太極拳理論關於練氣的學說。

在遠古時期，道家是怎樣認識宇宙的？北大哲學系教授荷清在《世紀末中國氣功潮》一書中說：

「對於養生氣功基礎上的宇宙人體認識方式的特點，莊子把它叫做『內通』，以區別正常認識。」「中國古老

人體科學發展了看不到、聽不到的這個『虛』『無』領域中的存在。」「而『內通』則不僅探測出人體的奧秘，開發了潛能，尤爲高妙的是一舉窺破了宇宙中最重要的一個奧妙，至今尚不爲西方思維所理解的奧秘——人與天的一種看不見的內在的必然聯繫……發現了那一統天下，一統宇宙人體的基元——氣。也因而探索到宇宙物質生命的生成演化……並以最簡單的言語（道生一，無極生太極）和圖式（太極圖、河圖、洛書）的美，概括描繪出宇宙的統一及其生化規律。」

　　從而解開了古人不依靠現代科技認識宇宙的秘密。

　　荷清還說：「氣貫天地人。」「它既貫一切實，也充一切虛，包括心、意識、神、能量、資訊等一切不爲過去西方實驗科學所知的虛性存在。」在這一理論基礎上，太極拳修煉的內功就不那麼不可琢磨了。

　　歷史上，道家與道教就將「炁」與「道」聯繫在一起，也有「炁」便是道的說法。太極拳之所以定位於「太極」，與其吸收道家的思想有直接關係。道家的代表人物老子的學說中，關於「道」的概念是最突出的。老子說「道」：「道之爲物，惟恍惟惚。惚兮恍兮，其中有象，恍兮惚兮，其中有物。言太始之氣，因有成形之謂。」已經充分地肯定了道的物質特點。

　　「德」爲「道」的體現，如同拳理與實踐的關係。老子說：「道生之，德畜之，物形之，勢成之。」高度概括了太極拳法的幾大要素。既要明理，又要招、術兼備，才能形成完美的「勢」。

　　唐代慧能法師在回答關於相對性的問題時說道：「明

與無明，凡夫見二；智者了達，其性無二。無二之性，即是實性。實性者，處凡愚而不減，在聖賢而不增；住煩惱而不亂，居禪定而不寂。不斷不常，不來不去，不在中間，及其內外，不生不滅，性相如如，常住不遷，名之曰道。」這與道家所說的道，如出一轍。也從另一個側面印證了佛家、道家所修相似的現象。

楊譜《太極陰陽顛倒解》說：「明此陰陽顛倒之理，則可與言道；知道不可須臾離，則可與言人；能以人弘道，知道不遠人，則可與言天地同體。上天，下地，人在其中矣。」

當代哲學家任繼愈在《老子繹讀》中說：哲學的全域觀點是從老子開始的，後來不斷發展豐富，才有今天的哲學。

道——混沌的，是樸素的。

道——自然的，本來就存在。

道——構成萬物的原始材料。

道——無形象，肉眼看不見，感官不可觸摸。

道——事物的規律，人、物、自然、社會都離不開道。

幾千年來，人們對「氣」、對「道」的解釋眾說紛紜。我們作為對太極拳理論的挖掘，對此不可忽略，不能回避從對太極拳的起源傳承看，這恰恰是能否繼承這一傳統文化魂寶的關鍵。對於這些尚且爭論不休的問題，不妨以太極拳、以太極拳高功大師為實例，研究「氣」是否是物質，「氣」是否是物質的起源，氣和道是什麼關係。

到目前為止，在尚未進行科學驗證的階段，各種說法

只能是推論。因此，我們應當本著中央宣導的自主創新精神，深入開展對上述問題的研究，促進對宇宙、對人體的科學認識。

## （五）何謂知覺運動？

楊譜《八門五步用功法》說：「八卦五行，是人生成固有之良，必先明『知覺運動』四字之本由，知覺運動得之後，而後方能懂勁……」由此可知，沒練好知覺運動之前是沒辦法懂勁的。除了拳架套路的正確運用之外，首先要掌握的便是知覺運動。

這裡所說的知覺運動，精確地將太極拳特點描繪出來。從而與肢體運動加以區別，不僅說明了太極拳的外形是由什麼來帶動的，也印證了太極拳鍛鍊的內涵是什麼。

知覺是「反映客觀事物的整體形象和表面聯繫的心理過程。知覺是在感覺的基礎上形成的，比感覺複雜、完整」。在古語中，「知」又同「智」。在拳中應指精神系統的反映，而「覺」則指神經系統的反映。在太極拳中，這種複雜、完整的感覺首先反映的應該是自身，是身體內部的微妙運動。

這也許就是太極技擊功夫同時具有養生效應的原因之一。如果不能先感知內氣，培養充盈的內氣作為反映自身內部動作的有效工具，就不可能對他人的動向有準確的知覺。

有了知覺運動，在聽手時，對方才能添不上勁，不敢添勁。如此才能在穩定住自身的前提下，去聽懂對方的勁。即便是對方「餵手」，讓你聽勁，在沒有進入知覺運

動狀態之前，也是聽不到的。聽不到勁，便做不到粘、連、黏、隨。

楊譜說：「所謂對待者，不以頂、匾、丟、抗相對於人也；要以粘、連、黏、隨等待於人也。」因此，知覺運動是一切用法的前提和基本功。

根據楊譜《固有分明法》解釋：「蓋人生降之初，目能視，耳能聽，鼻能聞，口能食。顏色、聲音、香臭、五味，皆天然知覺固有之良。」也可以說人的視覺、聽覺、味覺等都屬於天然知覺。知覺運動所說的是否也屬於天生觸覺的一種，楊譜認為，那是一種迷失的固有知覺，「因人性近習，失迷固有」。因此，「要想還我固有，非乃武無以尋運動之根由，非乃文無以得知覺之本原。是乃運動而知覺也」。

大家都在運動，為什麼有人運動多年仍未得「知覺」，而孫德明老師對學生的回答是：沒鬆透！大家很努力地根據要領，從頭鬆到腳、從內鬆到外，追求「鬆透」，但是得到的點評往往是：「那不叫鬆，叫懈！」

上文還說：「先求自己知覺運動得之於身，自能知人；要先求知人，恐失於自己。」這裡明確指出了訓練的步驟，學了拳架，知道用法以後，大家都躍躍欲試，想驗證一下招式的作用，這就可能成了大師告誡的：「失於自己。」所以，儘管招式的使用很有趣味和吸引力，仍要先耐住急性，找到自己的知覺之後再逐步習練知彼之功。

該文還說：「夫運而知，動而覺，不運不覺，不動不知。運極則為動，覺盛則為知。動知者易，運覺者難。」從而使我們瞭解到難以做到的是「覺」。要知對方的內功

運動，非得自己有內功才行。關於技擊的內功練法，應分清虛實、掌控虛實，才算得到知覺運動的真諦。

所謂虛實，主要成分應為內氣、內勁。比方人的軀體為一空的容器，添上內勁就是實，撤掉內勁就是虛，鬆透也就是徹底虛起來，「懈」是下墜沒有提起精神，而無虛靈。此境界是在鬆沉勁與虛靈勁的相互交錯運動中得來的。在孫老師教學中，實也有用，而這種實不是蠻力、拙勁，而是鬆沉勁。要沉就要沉得重於泰山，要輕就輕如行雲流水。

這種虛不是練鬆功時講的虛開關節之類的虛，而是整體調動內功的虛靈勁。這種虛靈勁練到高層，便是「一羽不能加、蠅蟲不能落」的知覺境界。經過訓練後，會有或應有何種知覺呢？

首先，是對自身內氣運行的知覺，這種知覺往往每個人體驗不同，也有人很久都沒有知覺。但沒知覺不等於內氣沒有運行，需靜心體驗，不要看別人成效明顯，心急如焚，或悲觀失望，往往知覺遲緩而又堅持不懈者，一旦知覺時，內功比敏感者還要強勁。

其次，是對對方內氣運行的知覺，這包括對方勁路走向、來勁大小、來意變化等，越到高層，這種知覺敏感度越高，反應越快。但在初、中級訓練時，只能慢慢體會、琢磨。這一過程也被稱為聽、懂、引、拿、發，完全憑內功運作或添加外功，只能成事不足，敗事有餘。

在眾所周知的拳諺「外練筋、骨、皮，內練一口氣」中，就可以瞭解到為何明明筋在裡面，骨更在裡面，卻說是外練呢？

它們的區別就在於，外練都是肢體運動，是有形部位的運動，練出的只是肌肉力、筋力、骨力等，在技擊中產生不出知覺運動的效果來。而是說內、外練的分界線就是在於知覺與肢體之別。知覺運動首先要鬆透。

到底怎樣才算鬆透，而又不「懈」。經過許多拳友長期的摸索、探討，大致有如下（六）（七）（八）的一些心得，僅供同道參考。

## （六）鬆是一步到位的嗎？

傳統教學中要求做到鬆、散、通、空，鬆的高端是空，也是太極內功所要達到的最高境界。太極圖中的陰與陽標注得很清晰，但它們存在於一個空的圓圈當中，這個事實則不明顯。這個圓就是空，是太極學說的基本原理之一，也是練習者不可回避的難點。因此，教拳之初，老師往往把鬆作為首要課程交給學生。能否過得了這一關也成為能否順利入門的關鍵。

根據傳統練法要求，鬆是從頭到腳，一步一步地鬆，如「虛靈頂勁」，就是鬆頭和頸部，要求頭頂部要有向上拔起的意念，下頜微收，脖子與中式衣領虛貼。「沉肩墜肘」，是鬆肩臂，防止聳肩翹肘和「塌肩夾肘」。「含胸拔背」是鬆上半身，要求胸部開闊舒展，背部舒鬆順直。「鬆腰鬆胯」，是調節脊椎中軸線，避免翹臀折腰和彎腰疊肚，影響全身動作的靈活。小腹鬆鼓，而不繃挺。「豎項吊襠」，是由對中心線的對拉拔長，促使上體內部放鬆。「尾閭下垂」，要求腰下脊椎關節放鬆，有向下紮地的意念。「屈膝鬆胯」，要求下肢鬆活，膝蓋和小腿不要

過分著力。「下空腳心」，要求踝、足放鬆，如湧泉穴有氣球般。

這些要領都是鬆的訣竅，但初練者不易掌握，因為這些要領都需意念領引，而意重則滯，所以分寸不好掌握。另外，這些要領畫分了不同部位，初練者往往顧此失彼。需要較長時間的調整、訓練，方可協調。

有人從身體結構出發，總結了一套太極鬆功——先鬆心，再鬆骨節。從手指、手腕、肘、肩至肩井逐一放鬆上肢關節。從腳趾、膝、胯放鬆下肢關節。頭頂虛領，大椎中定，脊椎肌一節節往下鬆，下頜微收，頸椎鬆開。放鬆會陰，達到全身鬆透。繼而鬆肌肉，全身肌肉都不用力，永遠保持鬆柔，以便形成膨脹，使濁氣發散。

然後放鬆內臟，臟腑是內氣的發源地，用意念去放鬆臟腑，才能使內氣充盈、鼓蕩，向體外擴散，形成強大氣場。內臟分為五臟六腑，五臟包括心、肝、脾、肺、腎；六腑包括膽、胃、小腸、大腸、膀胱、三焦，六腑的放鬆可使五臟產生懸浮感，因而虛靈頂勁。

最後是放鬆精神，這又是各種鬆法的關鍵和前提。這樣的鬆法具體、科學，比較容易操作、掌握，是練鬆功的一條很好的途徑。

也有從經絡上去找尋放鬆之途的，如對大周天、小周天的長期堅持運行，放鬆要緊的一些穴位，比如，有意識地放鬆氣舍穴（咽喉部）。放鬆也要一層層練，如肩井穴（鎖骨）的鬆開，要在肩、頸俱鬆的前提下，使內氣在二者之間推拉，才能鬆開鎖骨。鎖骨是否鬆開，關係著胸能否鬆開，脊椎能否鬆透，肩能否鬆淨（鬆淨主要是指軀體

的放鬆，包括肌肉、骨骼、關節、經絡、臟腑、氣息等），同樣，鎖骨的鬆開單靠外形的抻拽不能收效。這也是屬於鬆上再鬆的練法。還有風池穴（耳根部）對於胸、腹部的放鬆有益等。

若從不同層次化分鬆的程度，開始先要做到「鬆開」，鬆開指的是從縱向上鬆垂。去掉拙力，毫無拘滯之力，頭頂百會穴用意念提起，整體的關節、韌帶都要鬆開，對拉拔長。鬆開做到以後，可進一步練「鬆散」，鬆散指的是橫向放鬆、擴散，除了肩圈、腰圈、胯圈以外，小的部位也要橫向鬆散，如手掌、腳掌等。肢體鬆開後，即進入練內氣階段，便是練「鬆沉」，要求內氣在沉降、升騰、四散時可以順暢自如。

這時，便可步入「鬆靜」範圍，鬆靜（鬆靜主要是精神層面的放鬆）主修心靜，心靜才能反觀內動的變化，才能克服條件反射性的盲動，產生符合太極拳特點的陰陽互動，也才能達到心定、氣定、精定、身定的境界。

最高層次的鬆為「鬆化」，應該達到空靈的境界，任何招法、意念都沒有，但卻能隨心所欲地發化，稱為「沉而不滯，靜如山岳，周流不息，動若江河」。

在入門或初級階段，「鬆」往往被解釋為肢體鬆弛，「散」為外形開展，「通」為手腳一致行動，「空」為去除雜念。實際上，到了中級階段這些要求都在內氣之中，不僅要形鬆，而且要氣鬆，不能努氣、憋氣、頂氣。「鬆」是「散」的前提，「散」指的是內氣均勻彌漫的狀態。「散」的過程有體內與體外兩部分，體內的「散」是內氣的均衡彌漫，如飄浮在空氣中的尖埃，無所不至，不

同於縱向的「沉」。

此時，帶功聽手者便會使對方添不上勁，或不敢貿然上手。但是，這種「散」只是有限的自保狀態，不會威脅對方，不是真正威脅對方的「散」。

「散」有兩種含義：一種是鬆散、散發、散播的意思；一種是分散、散亂、散漫的意思。對於太極拳來說，應練第一種「散」，而不是第二種，其區別在於神意的集中與否。

「道的根本屬性是通」，陰陽的和合是「通」的橋樑。由此，陰陽形成循環，這也正是太極拳所要求的「綿綿不斷」。無論拳架還是推手，都是練循環往復。循環的目的是順應「捨己從人」的要領。不順則易出現頂、抗、丟等毛病。同時，還要「節節貫穿」。節在《周易》中主旨為調節、節制、適度（劉長林的《中國象科學觀》）。具體到拳理中，應有適當調控「貫穿」的節奏、速度、量度。當行則行，當止則止，當均則均，當速則速，要不斷地及時地調整。調節的標準又是什麼呢？即中和、中正、不偏不倚、平衡通暢。

如果把無極狀態喻為零，練拳依始就要先歸零，並且要無時無刻設法歸零。這個零可以設想為鬆、散、通、空的「空」，空是最高境界，又是最初便要做到的。所以，一開始不是透空，練的過程就是丟棄的過程，這是能否真正進入無極態的關鍵，也是深層次養生練法的宗旨。而鬆、散、通則是達到空的途徑過程。

鬆得好時，對手找不到任何勁點；鬆到高層次時，一鬆就會讓有內功的對手自己反彈出去。並且需用緊湊的時

候，收縮幅度大，功力也大。緊湊之後，馬上還要鬆。如果鬆得慢就會被人找到縫隙、力點。恰如佛教所說的「自性」，在解釋「自性」時，佛教慧能大師說：「自性無非、無癡、無亂，念念般若觀照，常離法相，自由自在，縱橫盡得，有何可立？自性自悟，頓悟頓修，亦無漸次，所以不立一切法；諸法寂滅，有何次第？」

太極拳難練之處，正在於縱橫盡得、無形無象的內功修煉，這與佛教的「見自性」有異曲同工之妙。「見性之人，立亦得，不立亦得；來去自由，無滯無礙。應用隨作，應語隨答，普見化身，不離自性，即得自在神通，遊戲三昧，是名見性」。這與太極拳主張「一身舒適萬法宗」非常近似。

綜上所述，鬆不是一步到位的，可根據自己的條件、特點去找感覺，找途徑，選擇最適合自己的練法，分步驟逐漸掌握。在練鬆的過程中，還會出現一些對立的觀點。如分層次看，各家都對。比如練腳下有根還是把腳下練沒了，哪個對？如果分層次練，都對。許多焦點、矛盾、對立的觀點都是把訓練過程當做了終點。每人條件不同，體質不同，經歷不同，環境不同，都會影響、左右訓練的進程與特點。因此，訓練過程應有一定彈性，不是無章可循，而是要因人而異。

比如，有人先天素質好，時間充裕，意、氣、形可以同時修煉，基本功訓練也可選難度大、要求高的，否則，便可降低標準，循序漸進。適合技擊練法與適合養生練法的也要分別訓練，喜歡對練與喜歡單練的也得分別訓練，這樣會減少許多不必要的糾葛與爭論，少走許多彎路，各

自可採取適宜自己的練法。

汪老反覆強調要練鬆沉勁。鬆是全身鬆淨，沉是全部沉至腳底、腳下，做到氣貫全身，充盈靈活，身形進退自如。有了鬆沉勁以後，才有可能聽勁、懂勁等，這是不可回避的一個環節。否則，招再熟也是枉然。當然，對於初學者來說，還是應該從套路入手。

待能聽到勁以後，聽勁可以幫助練習不丟不頂，進而探觸、摸清對手的來勁動向，以便借力使力。因為，鬆沉勁的品質決定粘、連、黏、隨的品質，決定能否蓄勁、換勁、有無彈簧力等一系列功法。總之，鬆沉勁是一切勁法、用法的基礎。從字面上即可看出如何能練出鬆沉勁。但在實踐中，僅一個「鬆」就很難做到，再加上「沉」就更難。但是，也不必畏難不前。主要是忌諱急於求成，應當分層次逐步習練。

無論哪種方法，鬆到一定程度後，很多人總會有一些地方鬆不下來，也許自己都察覺不到還沒鬆。此時，需在明師指點下，發現這些尚未鬆淨之處，加以調整。

如果前胸能夠鬆，後背不知怎樣鬆，就要假想後背是前胸。如果上鬆下不鬆，就要假想腳在上，頭在下，左右、內外也是如此。當然，偶爾做到放鬆並不表示已經成功，真正形成習慣，達到無為而無不為的境界，還需堅持不懈地習練，並且在鬆的過程中，還要留意假鬆的現象，及時加以糾正。

## （七）如何辨別真鬆、假鬆？

鬆是太極拳最重要的基本功，由學習、修煉，都會產

生不同程度的鬆，各人有各人的體會。但是還要注意，有的是真鬆，有的是假鬆。一般習練者無不在努力放鬆，認真追求鬆。

有人甚至鬆得很辛苦，孫老師說：「不對，你那不是鬆，是懈、是屟隨。」心裡越著急，越著意去鬆，越鬆不下來，事與願違。這裡所說的「懈」與「屟」都是指渾身軟弱無力，只顧綿軟，失去了綿裡藏針的「針」，以及肉中裹鐵的「鐵」。

初級的鬆就是全身放鬆，克服拙力，以楊式太極拳的理念為主，改變意念和動作習慣。關於「先天」與「後天」之力，汪永泉先師有過一些闡述。根據他的親傳弟子口述記憶，經過探討得到的初步理解是：在人降生之初，尚未受到外界太多影響的時候，是朦朦朧朧、自由自在的狀態，當外力的作用引發它的反作用（例如束縛與反束縛）就開始產生後天之力，再經過他人的教導和影響，後天之力就代替了先天之力。

這些說法不一定準確，只能供同道們研究。此外，還有一些關於先天之力和後天之力的見解，在這裡，也作些簡單的介紹。

關於拙力，有人稱為先天力，即生活中自然生長出的勁，要人為地去除它。也有人稱為後天力，指嬰兒本無力，後天慢慢增加的力，還要回到嬰兒狀態去。汪老認為，拙力是後天力，應返回到先天力，即嬰兒體態去。無論怎樣解釋，說的都是一種事物，必須逐漸去除，讓後天之力回歸先天之力。

這種力如用於外形，很好區分與警惕，但是它潛伏於

人體內部，要靠「鬆」取代，要找到沒鬆之處，就必須靜下心來，逐一放鬆肢體與內臟，這樣便會發現一些地方還可以繼續放鬆，這就是沒鬆之處。還可以想像走在鋼絲繩上，一掤勁便會掉下來。初學者往往按照鬆的要領去練拳，卻不知「意重必僵」。若按拳譜和老師的要求一味執著模仿，往往不能達到預期效果。

　　初學者只要提起精神練拳，不必太在意要領，只要渾身舒適，不故意僵勁即可。拳架不熟，很難真正鬆下來。待拳架熟悉到不用記背時，自然會逐漸放鬆。

　　鬆到中級階段，測試真鬆、假鬆的方法，可以看對方用力推搡時是否能被彈出去。如果沒達到這種效果，說明還有沒鬆透之處。

　　特別要提防憋氣現象，絕不能為了調動內氣走向，而頂著氣走。要用意念引導，不能勉強。

　　鬆開肢體和內臟之後，要緊的是鬆神經和精神，也就是做到靜、敬、淨這三個字。

　　這三個字指的都不是形體上、外表上的沉穩，而在於大腦中樞神經與心性的真正放鬆、安靜、專注。神鬆並不是被動放棄，不是萎頓。

　　鬆到高級階段，便沒有了軀體存在的感覺，全體透空，無形無象，卻可一觸即發，四兩撥千斤，真正達到以柔克剛、無為而無不為的境界。但是，全身都丟了，精神不能丟，精神如果沒了便是假鬆。

　　真鬆是長途跋涉前的蓄集糧草，具有充沛的後續能量，只有做到全體透空，才能達到階及神明的境界，正如前人所示：「全身意在精神，不在氣，在氣則滯。」

## （八）如何處理鬆、靜、自然的關係？

無論是拳架外形的鬆、穩、慢、勻，還是太極內功的鬆、散、通、空，都與靜有密切關係。心浮氣躁、心猿意馬是鬆不下來的。因此，鬆的不同程度與靜的不同階段也是緊密相連的。

如果軀體的鬆是從虛靈頂勁開始，靜也要從頭腦開始。首先要除卻一切雜念，把注意力集中到拳上。腦子清靜，身上才不緊張，軀體才能逐漸放鬆。在行拳過程中，力求達到動中求靜，動靜合一。

要做到散，使內氣在體內暢通無阻，如水中波紋層層散開，不僅要注意開胸、展肘等姿勢的配合，而且要以眼靜、耳靜來排除干擾。起碼在散的過程中能夠聽而不聞、視而不見。雖然封閉了外來干擾，內部的靜謐卻可達到蠅蟲不能落、一羽不能加的境地。至此便可增強聽勁的功能，體驗對手細微的變化。

進而便可進入「通」的階段，這裡的「通」需要用心靜來疏通，心靜指的不是心臟的平穩，而是心情、情緒、心態的穩定，心平才能氣靜，氣靜才能順通，氣路順通才能懂得對手的勁路，用內氣、內勁加以操控，才能做到四兩撥千斤。

鬆與靜結合的較高層次是精神與神經系統的鬆靜，以至產生全體透空的感覺，達到以靜制動的效果。一般不練太極拳的人在接受外界刺激時，會由神經系統傳導，使物理過程轉化為神經過程，再經大腦轉化為感覺、意識、心理活動，並經這一過程按順序再反射回去。

在空靈的階段，這一過程會直接從氣場傳輸感覺意識轉化爲神經反射，並與自身的內功一起對外界刺激形成一種保護層，使原來的外力自己反彈回去，來勢越猛、越強，反彈越重、越遠。

比如，練拳可以總括爲練開合。所謂開合主要是指「術」的開合，並非僅爲肢體運動。開合就是先將體內已有的內氣透過拳架鬆散出去，再將鬆散出去的內氣聚斂起來，如放大鏡凝聚陽光一般，聚點越小威力越大。聚斂的過程也是「合」，是「收」的過程，是靠神、意操縱內氣，聚斂過後再次鬆散，再次凝聚。在需要的時候，瞬間爆發的神、意、氣綜合體，也被稱爲能量流，就會產生一種奇妙的力量，將對方發出。

譬如，汪永泉先師在講技擊練法時常講「坤六斷」。人身爲一整體，要斷得開就需要調動術的功能。在太極拳內功練法中，孫老師經常強調要「開胸」，一般練習者只是做到兩肩外擴，並無意念引導內氣開胸。實際上，開胸的作用在於使身體內部運動分成左右兩部分，可以分別發揮技擊和運動的功能。一半運作時而另一半則不相互受制。練習開始，雙目輕合，用意念可令心沉落於丹田，與其匯合，反覆兩次，其餘處皆空。

做到之後，想像丹田處生出一利刃，越長越好，掄起來從頭頂劈下，使身體分爲兩半，並分別向左右撐開，儘量開展，然後再恢復原狀，復原後，兩手過頂，合攏，向下緩沉至丹田，收功。用此方法練習一段時間，左右兩半身體可以分別運用自如，便可以習練更靈活的功法。只要能斷，其他方法也可以運用。這些意念的使用，都要在靜

的前提下才能完成。

由此看來，鬆與靜的關係是相輔相成的，是精神反作用於物質的典型表現，靜的層次決定鬆的層次。同時，鬆的層次也會反作用靜的層次，促進新一輪的轉化過程。這種表面上看起來的心想事成，實際上是開發和調動了身體與精神的巨大潛能，使其形成了脫離母體後的又一保障系統。也是達到養生的必由之路。

鬆、靜已很不易，其實，「自然」更難。真正能做到，並堅守住什麼都不做、不想，非常不易。更不易的是在學練功夫和技擊的過程中，做到恬淡、虛無，進入並保持無極狀態。

因為，人在無意之中也還存在不同程度的貪的狀態，特別是捨不淨自己身上的勁。因此就違背了「自然」的法則。古人云：「虛者，道之常也。」需要把練法的要領變成生活中的常態，才能做到虛無、自然。

鬆、靜都具有形態、心態等方面的可操作性，自然是一種整體感覺，是由內至外的純真態勢，沒有可操作性的標準，一做作就失去自然。孫老師常在指導學生練拳時喊：「不要故意的！」就是提醒大家要自然。

如何能做到自然呢？還是遵從老子的建議：無為。用拳法解說，既不故意做作，也不去想怎麼做得更好，全憑輕鬆自如，進而聽由內氣的自然趨動。初學者會犯追求外形的毛病，在意識上、套路上都刻意達到完美。經過學習、體驗，可能意念有所改變，但做法一時改變不了。故前人有「學拳易，改拳難」之說，就是指先教拳，不教正確觀念引起的後果。不但自己錯了，還用錯誤方法牽制、

拉扯別人。根據老子的學說：「道法自然。」道是無，是起源，是捨棄，是圓潤，是規律，值得效法；而德是修正，是有，是現實，是獲得，是剛直，是方式。二者也是陰陽相濟的關係。對於太極內功而言，是「無」指揮「有」，道的根本屬性就是自然。因此，不僅要鬆、靜，而且還要在自然、輕鬆、靜的基礎上，體驗、尋找真正屬於自己的自然。

即使練出了內氣，手、眼、身法、步法和招式的使用依然必要。一方面可以彌補內功的不足，另一方面可以放大內功的作用。因此，招與術缺一不可。高級境界不僅在靜中求靜，動中也要求靜。正如王陽明所說：「人須在事上磨鍊，方立得住，方能靜亦定，動亦定。」

更高層次的鬆靜功夫已有很多記載，如凌空術、幾公尺以外的禦敵術、回到嬰兒態的腹式呼吸等，但產生這樣高功的機理一時無法精確說明。因此，無論何種功法，都要從無極狀態練起。

## （九）無極狀態很重要嗎？

在多種太極拳套路裡都極少提及無極勢，比較老的拳譜裡才會在起勢之前看到這種狀態。

何為太極拳？已有許多名家、大師作過精闢的闡述和解釋。最著名的就是王宗岳的經典論述：「太極者，無極而生，陰陽之母也。」習練太極拳時，往往把陰陽，以及與陰陽相匹配的內容研習得很透徹，對無極倒不太重視。

在一些拳譜中，有無極勢，也稱預備勢，有的拳譜直接就從起勢開始，但也提及無極狀態。無極狀態是什麼狀

態？它在太極拳裡的作用和功能如何？這些都是值得深思，必須進行探討的問題。

無極勢在整套拳中所占比例很小，是靜止、虛無、鬆透，從外觀看不出什麼奧妙，容易被人忽略。要進入真正的無極狀態是很難的，一般練習者只做到一部分，有的老拳譜則要求此態保持始終。但許多人都是一動就失去了無極狀態，並不能貫徹始終。

按理太極拳的練法應該是從無極到有極不斷地循環。如果是從有極到有極，就失去了太極拳的原意，這也可能就是有人幾十年練不出真功夫來的原因之一。因此，無極狀態是太極拳首要的狀態，是每招每式都要恢復的狀態，也是太極拳原理的一個根本所在。

有人可能質疑，無極勢是靜止不動的形態，打起拳來一環扣一環，不是要求連綿不斷，不允許停頓嗎？按我們的體會，無極狀態從外表看是靜止的。但是體內並未靜止，太極拳中最主要的要領都要求在此勢中體現出來。比如：虛領頂勁，沉肩墜肘，含胸拔背，鬆腰鬆胯等。

傳統的辦法是無極而無不及。沒有無極，便沒有太極。這裡要探討的是，「真有」與「假有」。在經過了一個階段的訓練後，有的習練者會產生氣感，非常珍惜，捨不得失去。於是追尋、固守就成了常見的現象。越是想得到越得不到，或者誤以為某種微弱的氣就是「真有」，這就阻礙了進步的速度，成為「假有」。「真有」是在不斷地放棄中產生的，這也是太極拳與其他練法不同之處。

有人用通俗的語言表達放棄過程：把胳膊摘了，把腦袋扔了，把心丟了。所說的並不是實體與外形，而是去除

僵勁的方法，如果真能放棄，才能產生「真有」，越練越多的氣感才能運用自如。

這裡所說的「無」也並非真的放棄一切。首先，精神不能放棄，要用來引導內氣的運行。其次，放棄僵勁後產生的內氣通道不能放棄，如一些部位所含有的「氣球」，這是技擊內功的實力。

但是，光有實力還不行，必須有發揮實力的手段，這就是拳路裡的「招」。這些也可以稱為「有」的一部分，而「有」是建立在「無」的基礎之上的，只有「無」才能產生「有」，找到「有」，利用「有」。所以，運用哲理觀察太極拳的練習過程，是一個在不斷揚棄中成長壯大而獲取和諧的過程。

按任繼愈著《老子釋讀》中的看法，「無」這個概念具有「有」所不具備的「實際存在」，總稱為「無」。「無」並非空無一物，它與「有」都具有總括萬有的品格。老子稱之為「無狀之狀，無物之象」。它不同於「有」，所以「視之不可」。

在養生內功的練習中，雖有一些不同，但道理是一樣的，只不過儲存的不是「內勁」「能量」，目的不是防身，而是健身強體。無極不但是太極產生的基礎，而且是太極拳達到高境界的狀態。也就是說，習練太極拳之初要求的無極狀態，寂然不動，無形無象。習練者透過長期的艱苦努力，最終仍要歸於這種狀態。這不是原地轉圈，更不是倒退，而是在正確的太極道路上前行的必然成果，是螺旋形上升的過程。

無極功的重要性不僅在於其自身的功能，如疏通血

脈，使內氣均勻散佈體內、彌漫於梢節，無任何力點、硬點、頂點、支點等，而且還在於它是太極拳的起源、基礎和發展平臺。也可以說，沒有無極狀態下的太極拳練法，找不到真正的進階之路。楊譜中所傳的「知覺運動」，也就是在無極狀態形成、確立的前提下，將其保持於各種招式和肢體運動之中，以不同方向、部位、形態表現出來。

生活中常有「一切從零開始」之說，在太極拳中，一切都從無極開始，因此如果用數字來表現太極拳練法，無極可喻為「0」。如同「0」還可以放大其他數位一樣，無極也可以增強其他練法的功能，無極與「0」一樣奧秘無窮。

在養生練法中，「有與無」可以與開合結合起來練習，開即「有」，合即「無」。但在技擊練法中開與合之前都要「無」，因為開與合各有各的功用，因此都屬於「有」，並且都要建立在「無」的基礎之上，功效才大。這也正是技擊練法的困難之處，初練者很難掌握。意念一執著反而做不到「無」，初練者不要急於求成，逐漸積累，練到一定程度後，「無」一次用不了一秒鐘時間，並不影響連綿不斷、節節貫穿。無極功的最終目的便是更好地掌握太極功，以至於其大無外，其小無內。

## （十）什麼是氣圈？

從練拳角度看，人體運動有三個重要部位：上肢由肩帶動，中部由腰帶動，下肢由胯帶動。從這三個部位散發出的內氣，稱為肩圈、腰圈、胯圈。它們可以各自發揮技擊作用，又可以起到整合作用。行拳中常說的：「把手擱

在胯上。」「胳膊不要了，整個扔到腰上。」指的並不是肢體行為，而是放到氣圈上，要求上肢與上身、下肢氣圈聯合起來運行。這三個圈在抽象的內功運動中，可起到路標或中轉站的作用。

如一時找不到「圈」的感覺先練習將這三部分區別開來，能分別活動，也是很有益處的。經過一定的練習過程，隨著內氣的運行、擴散，身體周圍會出現看不見、摸不到，但同樣產生了氣圈的人會感應到氣圈。

在大架解析中，很少用這個名詞，因為氣圈不是一個具有模式的東西，初學者可能根本體會不到它的存在，如刻意去尋、去追，反而會因意念過重，失去鬆柔。

練到一定程度之後，氣圈自然會膨脹。我們常聽前輩講，有的功高大師，距他幾公尺就近不得身。這就是他的氣圈的功能，手腳不可能直接觸及得到的。

在習練過程中，應當完全順其自然。氣圈有沒有以及有多大，都不可刻意去找。只求鬆透，即可形成。氣圈形成後，就面臨立中的問題。

## （十一）如何認識立中？

太極拳的「中定、定力」非常重要。不僅有形體脊柱的中正，重力、重心的不偏不倚，而且也有精神、心意的安定、穩定、篤定等。這種「定」不是靜止，是運動中的寧靜，符合陰陽相濟的規律。

變是絕對的，定是相對的，正如鄭曼青大師所說：「中即時中，定無常定。」也有認為中與正密不可分，「不偏之謂中，不易之謂定，『定』建立在『正』上，不

失中不等於定死，而是不失去陰陽平衡。這種『中』含中庸、適中的意思。」朱熹：「權不離正，正自有權，二者初非二物也。」（《朱子全集‧答魏無履》）正如許多拳論要求的立身中正、中正安舒、無過無不及，但要做到必須分幾個步驟，不可能一蹴而就。

這種變化中的穩定、運動中的定力怎樣才能保持呢？

中正安舒就包括內部與外部的中正、身形與意念的安舒。從外形看，身體正直，不偏不倚，四平八穩，目不斜視並不難。做到內氣中正，在運動的過程中也要保持身體的平衡就很不容易。要站穩腳跟不是站煞，站得連自己都抬不起腳來就是偏差。腳下要有一個分界線，意念可以紮到地下去，氣只沉到湧泉，目的是保證自己不倒、不傾、不斜、不失重心，但仍要騰挪輕靈，這就涉及到了內部的中正問題。

內部的中正主要依靠內氣調整。首先要找到中，才能立中。《十三勢歌》中曰：「尾閭中正神貫頂。」指的就是內氣上下找中的方法。也有用鐘錘來比喻中線的，比較形象地指出了動態中的立中問題。左右的平衡則要靠內功的能量來調整。可以想像，自己就是一個天平，它的支撐點就是自己的中，自己的內功就是砝碼。但是，在不會鬆、沒鬆透的情況下，控制不了平衡的。

因此，身形的安舒就成為體驗平衡的前提。而身體要想安舒，必須先鬆下來，如果不鬆，便不可能靈敏地體會失衡的感覺，也不能及時精確地加以調整。只有鬆得均勻才能有安舒，有了安舒才好發現彆扭、不穩、不平、不正之處。由此看來，中與不中、立與不立是一個動態的變化

過程，不僅要外形、內氣，而且還需要意念幫助調整。

　　「意」的概念雖然很難說明白，但它在太極拳中的重要作用卻是不可忽視的。「坤六斷」就斷出了對立統一的兩個部分，也提供了立中的平臺。因此，在意念上就應多一份關照，不能「小車不倒只管推」，即便沒有路障也會歪歪扭扭，吃力費勁，失去太極拳的基本要領。意念上的安舒也包含平衡和輕鬆的感覺，在失衡狀態下，意念就應調動內氣，還原到安舒的境界。

　　內部、外部做到中正安舒，才能進入無過無不及的層次，此時，需要關注的不僅是自身的立中問題，並且還要去感受並尋找對方的中。找對方的中的前提是要先穩住自己的陣腳，特別是在動態之中，更應按照老拳譜所說：「立如平準，活似車輪。」無論雙方身形、內氣變化多麼快，都不能失中。

　　特別是雙方都具一定內功的條件下，接觸對方氣點如同按在一個皮球上，不但找不到對方的中，自己還會失中。如找到對方的中，則可用自己的中，打擊對方的中，要讓對方失中。關於擊中，有虛實之分，無論是虛中打擊實中，還是實中打擊虛中，立中和找中是關鍵。有拳諺稱：「練拳不知一是中，練到老時一場空。」假設技擊練法的「中」是「1」。「中」即是介乎「0」（無極）和「2」（陰陽）之間的重要一環。

　　在無極功「0」與立中「1」的練法上，養生與技擊沒什麼差別，但在陰陽「2」的練法上就有了分別。技擊練法就是楊譜所說的知覺運動，也就是常說的「拳」即「權」，這裡權衡的就是陰陽，不但要掌握自身的陰陽平

衡，而且還要掌控與對手之間的陰陽，甚至要摸清對手的陰陽。這正是太極拳難學之所在。

權衡首先建立在聽、懂、引、拿、發上，然後是十三式，幾十種勁法、招法等。真正能否略勝一籌，則取決於對「0」和「1」的功力訓練上。

技擊的內功練法，要著意將自己的功力發放在對方身上。孫老師常講，別只顧著自己鬆自己，要鬆到他人身上去。這就需要打破自己的平衡，與對方重新組合為陰陽關係，在新的關係上權衡分配陰陽，不能僅限於計畫方案階段，還要具備足夠的實力才行。

太極拳運用的五行，與中醫的五行觀有許多相通之處。中醫的五行根據大自然之氣的不同動向，結合人體相應的內氣動向，按規律掌握生剋制化，保持人體的平衡、穩定。

太極拳的五行則根據人體運動時內氣的不同動向，結合方位，掌握進、退、顧、盼、定的相互關係與運動規律，保持行拳與對練中的平衡、中定。

中醫五行中的「木」對應春季，主發散之氣；「火」對應夏季，主上延之氣；「金」對應秋季，主收斂之氣；「水」對應冬季，主下降之氣；「土」兼濟所有季節，主平衡之氣，故有「四季不離土」之說。五行之間結合陰陽，又有相生相剋的特點。

在太極拳中，「木」的方位是東，屬於左顧，對應會陰穴，屬腎經；「火」的方位是南，屬於前進，對應膻中穴，屬肺經；「金」的方位是西，屬於右盼，對應夾脊穴，屬肝經；「水」的方位是北，屬於後退，對應印堂

穴，屬心經；「土」對應中，具有安定、平靜、內斂特徵，對應丹田穴，屬脾經，如同中醫土代表消化系統一般，無論哪部分臟器的運行，都以土爲基礎。在拳術中，中定也是各個方向出擊的大本營。

五行相生相剋爲：培土生金，益火生土，培土制水，抑木扶土。其中四行與土有關，正與太極拳以中土爲核心一樣，無論進、退、顧、盼都離不開圓心。由「中」而發，還要回到「中」定。

如果與「0」對應的練法是鬆，與「2」對應的練法是陰陽，那麼，與「1」對應的是什麼呢？根據民間武術理論家馬國興的觀點，這個「1」就是「中」，而「中」無所不在，有實、有虛，也可以看做技擊中的「點」。

具體到對練中，這個中或點又在哪裡呢？對於初學者來說，這個點也可以看做接觸點。到了高層以後，「點」只不過是個概念而已，沒有具體的形與象。它是陰陽的依託，先有了點或中，才談得上陰陽平衡，點也包括平衡點的含義。因此，首先要掌握並控制好自己的點，再去找對方的點，否則，後果是可想而知的。

既要練虛中，也要練實中，也就是說要中正安舒地練拳。體形的中心線要正，正不是僵直，無論四肢怎樣運動、轉身、側身，中心線都不能偏斜、中斷、擠壓，始終要保持其舒暢、安穩。如果自己不能立中，未接手便已敗局鎖定。

到了高級階段，虛中可以設定在任何地方，甚至在虛空之中，此時便會產生「打中沒有中，處處都是中」的現象。雖然如此說，並非指中到處同時存在，中便是中心，

中心只能有一個，這樣才好圍繞其中，分清虛實、方位。如果有兩個中心，形成雙重，而雙重是太極拳的一大弊病，任何情況下都應該避免雙重。

## （十二）何爲雙重？

眾所周知，雙重是太極拳練習中的一忌，但是雙重的定義卻是眾說紛紜。有人說是兩腳不分陰陽虛實爲雙重；有人說是兩肩沒鬆，兩臂較勁爲雙重；有人說是全身虛實不分，身體一側上下偏實爲雙重；還有人說是推手雙方頂住了勁，糾纏在一起即是雙重。經典的說法：「欲避此病須知陰陽，粘即是走，走即是粘。」太極拳的高層階段要求虛靈輕盈，雙重當然更要克服。

結合以上幾種觀點，雙重是違反太極拳規律的偏差，不講究陰陽、開合、虛實、平衡、對稱等，將平衡點兩側的力傾於一側，如上肢兩臂、下肢兩腿、左上下肢、右上下肢，造成本身重力失控的隱患。如果對練雙方都雙重，則很難提高；如果是單方雙重也會引出拙勁來。

雙重是病，雙沉、單沉則不是病，沉勁如同一個物體在水中往下沉的過程。不像空氣中的自由落體，沒有任何依託，水中的自由落體，還帶有一定的浮力。如果直沉到底，靜止不動就是重。

還有雙輕、單輕，也是練功者追求的勁法，輕勁如同水中的物體向上飄的過程，這種勁是通向凌空勁的一條途徑。但是，如果飄上水面沉不下來，那就是浮。浮勁不是內勁提倡的勁法。

如何克服雙重是許多習練者首當其衝的問題。打好基

礎，練好腰腿功，疏通氣路，一級一級地提高，是解決雙重的好方法。據傳，雙重的弊病與定步推手有關。過去練活步推手基本功要求較高，練起來很艱難。楊式太極拳的先人授拳，遇到貴族子弟更難接受。一碰就處於退步、逃避狀態，於是創立定步推手。此類定步推手以下盤先被推動者爲輸，比試誰站得穩。因此，形成了立地紮根，紮得越深越好的練法，失去了武術最基本的要求——靈活、敏捷、技巧、速度。

如此看來，雙重與慵懶有著直接的關係，因此，克服起來也得從艱苦訓練下工夫。先得練鬆沉，單沉、雙沉都要練，能沉自然就丟了重的毛病。然後才練輕靈，單輕、雙輕，最後才能階及神明。

太極拳與其他學問不同，學習太極拳最重要的是理論和實踐的統一。知道了並不等於會，還需要長期不懈地勤學苦練，功夫上了身才算學會，並且學無止境。習練者應當避免空談，必須經過科學方法培訓，才能掌握一些技巧和規律。功夫練多少就能得多少，終生受益。即便不能出神入化，起碼對健身、養生大有裨益，不至出現偏差。

太極拳的一些原理如應用到其他方面也會收到意想不到的效果，如心理狀態、人生態度、人際關係、生活方式以及其他體育項目的培訓、經營管理模式等，正如精明的企業家要讀《孫子兵法》也就是這個道理。

## （十三）何謂四兩撥千斤？

自從有了「四兩撥千斤」的比喻，較普遍的看法是，這代表著太極拳以力小勝力大的特點。但是有種較新的解

釋並非如此簡單。

　　以往很少有人追究「四兩」與千斤的含義，認為這不過是個比喻，恰好說了這個數，如果用其他數字來比喻也是一個意思。但有種觀點認為：各人身上的力量不同，權且用一斤為單位。以過去十六兩一斤來算，保持身體平衡，左右各需六兩勁，剩下的才是供靈活運用的勁，也就是這四兩勁。

　　至於千斤的含意一般人多往「任你巨力來打我」這句話上想。但此種觀點認為：這指的是槓桿力，如同自行車上控制齒輪運動方向的「千斤」一樣。

　　這樣解釋不但更加形象，易於操作，而且能將難於掌握的功力分配比例闡述明白。過去許多練習者都很難理解「無過不及」這句話，特別是初學者，不用一點功力也不對，用多了也不對，到底用多少合適，內勁的分佈比例又該是多少？左右為難。這樣一解釋，比較容易理解。原來，絕大部分內勁先要用來保持自身的中正安舒，如果內部失衡，後果可想而知。這也正是太極拳之所以高明之處。但是，要做以恰到好處，發功適度，絕非一點就會。

　　在以輕制重的運作中，如將「千斤」拱手讓人，自己往往會無所適從，找不到將其撥化發出的功法。但是，知道「千斤」就在自己身上，情況就有所不同。

　　第一，知道該如何調動自己的主觀能動性。

　　第二，知道功力該往何處使。

　　第三，揭開理論上最讓人迷惑不解的疑問。

　　第四，化解實練中耗費生命力求索無門難題。

　　所謂「千斤」，它並不是指物質的部位，指的是對練

時雙方的「制點」，也就是槓桿受力的一端。當然，這一切都要建立在內功訓練的基礎上，四兩撥千斤只是結果，達到這種目的並非一時醒悟可以實現的。至於還有無其他解釋，希望同道參與研討。

## （十四）如何理解形、意、氣的關係？

關於「形」的練習，主要有兩大類說法。一類認為「形」很重要，是太極拳的基本功，後面的功法都要建立在這個基礎之上。「形」的練習包括樁功、腰腿功、拳架功等，許多高功大師在初學階段，都被超常的形體訓練折磨得疲憊不堪，如抻腿筋要達到腳心貼到後腦勺上，嚴冬時節練完功鞋裡能倒出汗水來。因此，另有一類說法不主張這樣訓練，甚至對拳架的練習也不夠重視，認為練太極拳只練內功即可，並且一定要「重意不重形」。

這對於已熟悉拳架的人來說是可以的，但對初練者來說，「形」恰恰是「意」的依託、「氣」的載體。氣路是否通暢，還要靠「形」的微調實現，「形」是「意」的外延，技擊中極微小的動作也有「形」的存在。因此，「形」的訓練是一個非常重要的初級階段，功夫還得一步一步學習，最終才能達到不重外形的階段，由以形帶氣、養氣，有了明顯氣感時才說明已經過了這一階段。對「氣」和「意」的運用就要融入形體訓練中去，甚至超過對「形」的訓練。如超越練形這一階段，初學者找不到氣感，反而會顧此失彼，無所適從。雖然太極拳的精髓並不在形上，還是不能回避練形的階段。

拳架練到鬆、穩、慢、勻，全身筋骨均已抻開，對於

「氣」和「意」的概念、感覺日益清晰，便可進行下一階段訓練。

苦練形階段與練意、練氣階段截然分開，會延長整體的訓練過程，故有太極十年不出門之說。其實未必如此，汪永泉先師就曾提出過，如果讓他挑選素質優秀的人才由他訓練三四年時間即可出門。也許就是將高級、中級階段與初級階段的內容交叉進行習練，循序漸進，可惜他的建議未能實現。

中級階段注意力可集中在內氣的強化訓練上，可求達到以氣運身的目的。此階段，每一個單式都要有內氣內勁的運作。注意內外三合與十字中心的運用。這一階段主要走內氣的開合，以及熟悉十三勢的用法。可以適當運用意念指導內氣運行，以便更快進入以意導氣階段。

「形」與「氣」都達到成熟程度時，便可以加強意念的練習，以至最終行拳時，意要走在形之前半尺以至更遠，意後面是內氣，內氣後面才是形。有些高功大師甚至形不動便可走完整套拳架，走的完全是氣與意。初學者不必開始就追求走意不走形，還是要從形練起。如果立竿見影，可以加快進程，每人要依自身條件靈活改變進度，不必勉強。

有的老拳譜只講目標是三，不講三是一加一，再加一，或者一加二組成的。練習者想一次就全找到三是不可能的，因為這是一個由簡單到複雜，再由複雜到簡單，而此簡單非彼簡單的過程。太極圖在紙上是靜止、平面的，但按道理其運動是立體的，所有的拳理都包含其中，後人尚需要深入領會。對待太極拳的經典拳論也是如此，需靈

活辯證地去解讀。紫陽真人張伯端說過，「不可止於無為，不可形於有招，不可拘於成想，不可住於詞字。」用到太極拳理論上，也可解讀爲，太極經典雖說「大動不如小動，小動不如不動」。並非真的不動，既不能死抱住招式不放，也不能僅依賴於神、意的威力。理論必須與實踐相結合，探索其真諦，死記住某些經典詞語，不靈活運用也不利於拳術的發展。

　　楊譜在解釋長拳之用法時說：「於人對待，四手當先，亦自八門五步而來。站四手，四手碾磨，進退四手，中四手，上下四手，三才四手。由下乘長拳四手起，大開大展，練至緊湊，屈伸自由之功，則升至中、上乘矣！」這裡說的主要是十三勢的練法和重要性。實際上是招式練法的高度概括，都與技擊用法有著直接關聯。透過招式的練習，才能在對練時應對自如。

　　即便到了無形無象、全體透空的階段，招法仍可在神、意、氣運行時指明方向，化解危機，避免漫無邊際的行動。

　　孫老師常講，配手重要。但也有不同意見證實說配手不是楊式太極的打法。配手是相對於主手而言的，主手一般指先手或前手。前攻之手一般稱爲打手，太極拳中的主手和配手都可作爲打手。其實，不一定只有打手才重要。在攻防之中，防也是必不可少的，配手可起防的作用。另外，配手還可在主手掤、擠、按時起到採、挒等控制對手的作用，以便主手更好地發揮作用。同時，配手在主手運動的過程中，可獲得主體靜止、中定的效果，以穩定自己的中心與平衡。如同摸著石頭過河，一手扶住石頭，一手

063

畫水前進，自然比隨波逐流穩當。

老拳譜講的練法和用法混在一起，不易分辨。習拳者都知內三合和外三合，其實，不僅只有這三合，真正練到自如施展內功時各部位都能合。三合是基礎，是初級階段容易掌握、有的放矢的說法，而不是固守的架框。

## （十五）何謂「眞傳一句話？」

在武術界，人們常能聽到這樣的說法：「假傳萬卷書，真傳一句話。」經過長時間的研讀與實踐之後，我們有一些心得，整理出來，僅供大家參考：

首先，「萬卷書」對於進一步瞭解、掌握太極拳的真諦、訣竅是非常有益的，所謂「假傳」之說，可能有以下情況。

1. 老拳譜多爲文言文，是老拳師高層次功法之心得體會。在沒有一定知識水準與內功基礎時，很難理解老拳譜的真實內容。

2. 即便經過長期習練、鑽研，從文字上能夠理解，僅靠書本知識也很難練到自己身上去。

3. 書上說的是一般現象，不可能針對每個人的問題，而每人根據自己不同體質、性格、習慣、經歷、練法會有不同缺陷，自己卻不知原因何在。

4. 知道了自己的問題所在，僅比照書籍仍難糾正。

5. 有些現象、功法很難用文字描寫清楚，多用比喻解釋，有的解說並不確切。更有一些書基本上照搬前人觀點，沒把作者的體會與獲得功夫的訣竅寫進去。

練到一定層次，每個人都會遭遇屬於自己的誤區。此

時，泛泛地指導不能解決問題。比如，在內氣與招式的結合上，差之毫釐，謬之千里，尤其是散手練習中的千變萬化。在內氣的運行方式中，也有無數失誤的，這些都無法借助書籍來解決，只能靠面對面的教學。老師可以根據每人不同的特點給予指導，有的放矢，使學生少走或不走彎路，及時糾正偏差，既省時省力，又增強信心，不至半途而廢。當然，也不能片面強調言傳身教，聽老師的一席話就確定「勝讀萬卷書」，否定普遍真理的作用，尤其是傳統的經典著作。

所以，這句話指的應該不是「萬卷書」本身，而是傳授功夫的人滔滔不絕背誦「萬卷書」，讓學生一頭霧水，無所適從的狀態。

在接受孫老師傳授的過程中，我們的體會是：

1.「真傳」是一句話，必然有教授人與受教人。如此便可針對特定的人，在特定的條件下進行指導。練功是個循序漸進的過程，在初、中階段的功法掌握之後，再研習高級階段功夫比較適宜。如比照拳譜，硬練高難階段功夫，往往事倍功半。

2. 在書中讀不懂的地方，可經老師解讀、領會，明白其真意。

3. 拳架中的毛病可透過個別輔導，逐步克服。

4. 在推手中出現的問題，只能在對練、與人聽手時顯現出來，需當面及時指導和改正，所有的搭檔都可以當老師，互教互學。

5. 書面文字所無法表達的感覺、知覺透過聽勁、對練才能體會和感悟。

6. 楊譜《口授穴之存亡論》已明確指出：「穴有存亡之穴，要非口授不可，何也？一因其難學，二因其關乎存亡，三因其人才能傳。」

孫老師在教學中，也是本著這一精神。根據每人掌握的不同層次往下教，循序漸進。因為太極內功不是淺表狀態，功夫沒到，教了也無法上身。只要具備了接收的平臺，提高並非難事。汪永泉先師就說過，告訴你，一學就會；不告訴你，三輩子你也找不到。

孫老師也曾說過：「這裡面就是張窗戶紙，一捅就破。」但這張紙得老師真捅才行。為什麼有人學一輩子，仍隔著這層紙呢？除了技術原因外，還有人的因素。因為太極技擊功夫到了高級階段，可致人傷殘、死亡，故有八種人不傳之說，即不忠不孝不傳，根基不好不傳，心術不正不傳，魯莽滅裂不傳，目中無人不傳，無禮無思不傳，反覆無常不傳，得易失易不傳。總之，指的都是武德有缺陷的人。

由於社會歷史及上述原因，致使太極拳的傳承多流於淺表與養生層次。因此，「真傳」說應該指的是參與實踐的重要性，實踐出真知，也說明在拳術學習中僅靠書本的害處，並非否定「萬卷書」不可替代的重要功用。

# 中架實練解惑

有關楊式太極拳內功方面的問題浩如煙海，這裡列舉的僅僅是孫老師所教學員常議的部分問題。

透過大家探討，有所領悟，並不成熟，僅提供熱愛此拳的同道參考。

## （一）練功應具備何種心理生理狀態？

為了更好地掌握太極拳的精髓，讓功夫更快地上身。練拳時，一般都要求保持一種心理、生理狀態，這種狀態通常用三個字來概括，即「敬」「淨」「靜」。

「敬」反映的是對太極拳及教授者的尊敬、崇敬的心理和態度，對傳承這一中華文化瑰寶的虔誠敬意。這種心境必須建立在對太極拳的理性認識上，建立在對太極功法傳承的特殊性的瞭解上，建立在掌握太極功夫過程中文武兼修的實踐上。

「淨」包括身心兩淨，從身體上講，是要鬆乾淨，不僅鬆外形，而且鬆內臟、鬆精神。鬆外形，指的是筋、骨、皮各關節俱鬆，這樣才能保證氣道通暢；鬆內臟，則有利於內氣發放與回收。

「靜」不僅要鬆淨全身拙力，而且要淨化心靈，也可解釋爲另一種「淨」。「靜」不僅要求神態安靜、平靜，而且要求心靜如水，拋棄一切煩惱、雜念，把這些影響功力的東西摘除乾淨，才能全神貫注於拳法拳理，增長功力。「靜」有助於「淨」的完成，是「淨」的前提。「靜」還與拿法相通，拿不住便發不成。

道教典籍老子道德經的《河上公章句》中提出靜和柔的重要性，當湛然安靜，故能長存不亡（《無源》第四）。魂靜志道不亂，魄安得壽延年（《能爲》第十）。能安靜者，是謂復還性命使不死。復命使不死，及道之民常行也（《歸根》第十六）。「人精神好安靜，馳騁呼吸，精神散亡（《檢欲》第十二）」。「人生含和氣，抱精神，故柔弱，人烈和氣竭，精神亡、故堅強」。可見，「靜」是凝神聚氣的法寶。

「敬」「淨」「靜」三個字是互相聯繫、互相推動的，各有特點又相互交錯，無輕重、先後、主次之分。在習拳過程中，如能做到不僅增強了體質，而且實現了心理保健。心理健康也會反過來作用於臟器和各循環系統的健康，強健的體魄更有利於內氣、內勁的增長。

初學者要根據自身條件，由淺入深，急於求成反而欲速不達。老子說：「清靜爲天下正。」我們也要將其引申到拳理中來，做到真正的清靜，才能主宰拳術的深層。老子說：「天物芸芸，各復歸於其根，曰靜。靜，是謂復命，復命，常也。」也就是說，天下萬物，最後各自都要重新恢復到本源，也就是「靜」，等於恢復了本性，也就是順應了自然。

這不僅意味著事物的循環往復，也說明「靜」在拳術中的根本特徵與作用。心理狀態在太極拳中的作用至關重要，與其理論根源是分不開的。

　　能否專心致志用於練習拳法，不思考煩雜愁悶之事，不計較輸贏得失，將直接影響到內氣的上身快慢與多少。符合要求的心理狀態有助於內氣充盈的生理狀態，從而形成優勢互補。以前許多同道練了幾十年，不謂不刻苦，但內氣卻調理不好，除了客觀物質和拳法上的因素外，心理狀態的調理不利也是重要原因之一。

　　孫老師常給學員講的一段故事很能說明這個問題：

　　20世紀80年代初期，汪永泉大師的一位學員，因崇拜大師的功夫，特邀了兩個朋友一同學拳。這二位都是中年知識份子，其中一位一見大師出神入化的功夫，還沒開始學，便表現出畏難情緒，這麼難，我怎麼學得會；另一位則冷眼旁觀了幾次便下結論，這玩藝兒沒什麼了不起，我一看就明白了，我也會。

　　雖然他並沒表現出與汪老一樣的功夫，只是口頭功夫而已，但汪師已經放棄教他的念頭。孫老師由此感歎：這太極功夫，太笨、太精的人都學不了。

　　這就關係到上述「淨」與「敬」的問題，心存雜念、患得患失練不了太極拳。其實，太極拳看似複雜，練起來每一階段的收穫總會對強身健體、防病養生有所裨益，不必嚇唬自己，感覺高不可攀。

　　另外，太極拳集幾千年儒、釋、道、武、醫文化實踐內涵，全部掌握很不容易，出神入化更非易事，不能盲人摸象般斷章取義，自以為是，一口吃成個胖子是不可能

的。心不靜，神不敬，身上也鬆不淨，這是事實。

　　太極拳顧名思義是文武兼修的功法，太極為文，拳為武；練為文，用為武。僅有文太過陰柔，僅有武太過陽剛，此拳法陰陽相濟，剛柔並舉。必須恭敬的拜讀各門各派及與之相關學科的著作，並請教老師。同時，恭敬地與對手切磋，不僅恭敬地學，也恭敬地教，這是幾千年傳下來的東方文化遺產，既是個人的又是社會的，如果做不到精神上的徹底放鬆，身體也很難徹底放鬆。很多人鬆不下來的根源正是心浮氣躁、多疑多慮造成的。因此，心理素質的提高是練功必備的條件和前提。

　　修煉身體先從修煉精神開始，只要留意，功法上的長進也會帶動精神狀態向良好方向轉化，否則，劣勢互擾的狀況也會使人前功盡棄。

　　拳界常流傳一句話——功夫在拳外。這拳外功夫指的就是心態，是太極精神的體現。心態對拳術影響極大，這與常講的「鬆」字有很大關係。如果做到全身真正鬆透，已經很不容易，功夫要提高到發、化自如的層次，就更不容易；再往上走，就是心要鬆開，精神要鬆開，此時目的不是爭強鬥勇，克敵制勝，而是實現「武」字的真諦，即「止戈」。

　　沒有極高的功力，是實現不了這一目的的，這也可以說是陰陽相濟的最高境界，是太極拳精神的最佳體現。

　　太極拳之所以有別於某些學說，就在於僅有理論是不行的，必須實練。因此，才有文修或武修為小成的說法，有武功的文修與有文修的武功為中成，只有文武兼修才能算大成。

## （二）練拳必須有固定朝向嗎？

練拳可根據自己的環境，條件選擇不同方向的場地，本書套路中的方向僅以正南框定方向，實練中可依不同方向相應變化。但是，這不等於說在拳路中也可以任意改變位置，拳路中的朝向是不變的，變的只是具體的地理朝向，可以適當選擇。

也有另一種提法：清晨，太陽未出時，應面朝東方練功，謂之「寅賓東日」；太陽出來後，應面朝正南，謂之「離火當空」；日薄西山時，應面朝西方練功，謂之「寅錢納日」；日落以後，應面朝正北，謂之「取坎填離」。這些朝向要依需要自行選擇，無論朝向如何，拳架自身的走向不變。

打拳的過程就是練習保持「動平衡」，技擊則是使用這種培養出來的能力。無論何種朝向、何種姿勢、是否處於主動或被動位置，都要調控好自己的「導航系統」，及時調整方向、方位，無論身體怎樣傾斜，都不能離失「中」，只要守住「中」，再靠四肢、身軀保持平衡，增添功力，被勢也能轉爲優勢，即便處於劣勢，只要不失中，損失也很小，並且能夠失而復得，爭取主動。

## （三）練拳時目光的落點在哪裡？

關於目光的落點，大致有兩種：一爲平視前方；一爲隨手視。楊澄甫大師的說法是：「目光雖然向前平視，有時當隨身法而轉移，其視線雖屬空虛，亦爲變化中一緊要之動作，而補手法之不足也。」由此可見，無論平視、前

視，還是隨身手移動、虛空而視，都是正確的。

因此，初練時目光不必過於拘泥，重要的是練習套路時無論如何不能下視、仰視。開始練拳時可能顧及不周，但務必要留心糾正。

據楊譜《人身太極解》說：「人之周身，心爲一身之主宰。主宰，『太極』也。二目爲日月，即『兩儀』也。頭像天，足像地，人中之人即中脘，合之爲『三才』也。四肢『四象』也。」

「神出於心，目眼爲心之苗。精出於腎，腦腎爲精之本。氣出於肺，膽氣爲肺之原。視思明心動神，流也。聽思聰腦動腎，滑也。」

道家名著（《陰符經》）曰：「心生於物，死於物；機在目。」「心」在這裡指思想意識、精神。《陰符經》的這一表述，充分體現了古人對眼睛的重視。可以將人的意識活動，從眼睛、眼神中體察出來。同樣，眼神也可由某種機制帶動意識活動，使之外化。這就是孫老師爲什麼一再強調眼神的重要。也可看做眼神練到高層次可以技擊的原因。

可見，眼神在太極拳中極爲重要，在十三勢中就有左顧、右盼兩勢占很大比例。在實用技法中，眼神之用更爲重要，功夫成熟時，沒上手就先要用眼睛發內氣影響對方。因此，在單獨練習中特別要注意訓練眼神，在前視的同時也要用餘光關照主要運行的手勢及兩側的情景，但要注意不許瞪眼。長期訓練，對眼睛也可起一定保健作用，同時眼神也要與形體、內氣相合。

對於初學者來說，眼神放在手上有助於注意力的集

中，但要防止低頭看地。許多人在初學時，爲了回憶拳架順序或集中精力體驗要領會不知不覺地凝神下視，以免外界事物干擾，這種眼神要注意克服，更不能形成習慣。初學者在對練時往往不注意對方眼睛，這也需要留意調整。

到了中級階段，眼神還有一個作用，就是在練拳時要體現眼前無人似有人，不僅在拳勢中要體現，在眼神中也要體現，而且適當地遠視也有助於眼神的鍛鍊。如果內氣練到一定程度，眼神也可練習內斂與發放。

進入高級階段，視野可逐漸放寬，這時應該起到對練時眼前有人似無人的作用。除了身形、手勢之外，眼神也可作爲招術來用。

孫老師經常要求練拳時目視中指、意注中指、神貫中指，其中不乏訓練「完整一氣」的意思。對於眼神的要求到了高層次，不僅帶有引領身形、手勢的任務，還要求具備自身就有攻擊力的功能。這一功能建立在許多內功基礎之上，不是形式上的做到即可。

那種用眼神將人定住，發出的功夫一般人是望塵莫及的，已在多位高功大師身上有所體現，因此，也可作爲眼神練習的最高境界來要求。

### （四）練拳爲什麼首先要鬆透？

瞭解太極拳魅力的人都在追求那種神奇的力量，身不動、膀不搖，即發人於數公尺之外。但是入門之後，首先要求的卻是不用力，是「鬆」。無論練習拳架、內氣、神意，凡有錯誤多與這個「鬆」字相關。因爲這個「鬆」字關係到拳架、理法、內氣運行；精神是否能變物質；關係

073

到陰陽是否融爲一體；關係到身、心、腦與宇宙能量是否相通。如果做不到這一要求，便達不到「四兩拔千斤」的目的。

「鬆」是太極拳功夫的基本要求，不同階段有不同的鬆法，初學者可先練「形鬆」，進而練「內鬆」，最後達到「神鬆」。在拳架練習中，始終保持「虛領頂勁、沉肩墜肘、含胸拔背、鬆腰鬆胯、尾閭中正、氣沉丹田、中正安舒」等姿態。吳式太極拳學者祝大彤認爲：

「肩不鬆爲雙重，要經裏襠、溜臀、收腹、吸收左右股溝、圓背、開胸、收左右胸窩，弛頸……放鬆全身九大關節，最主要是腰部關節，以及54個手腳的關節。雙肩有可能最後完全放鬆。這是初學者剛介入練習時就被告知的要領，並且要貫穿始終。」

在實際訓練中，即便是久經拳場的練家也不一定全能保持這種狀態。在拳架不熟練的時候，根本無暇顧及這些要領。初學時只要不拿勁，在練架子過程中渾身舒服即可。太極拳本身就是開展、舒緩、均勻的動作，久練自然放鬆下來。

拳架熟悉以後，可以有意在起勢之前放鬆全身，用孫德明老師的話講：「把胳膊丟了，把身子丟了，除精神不要丟，全都丟了就是。」這裡所說的丟了，是不要有任何意念在肢體上面。真正練起拳來，就不一定始終保持下去，但仍要追求舒適，呼吸自然順暢。

經過一段時間鍛鍊，行拳時不帶一點拙勁，動作如隨風楊柳、飄逸白雲，那些要領自然融入運動之中，這也就達到了形鬆。

在形鬆的基礎上，可調節氣的內部運行。太極拳經典無不認為內氣與鬆直接相關，氣是鬆出來的，氣在運行中一定要放鬆。否則就會憋氣，哪個部位感到不舒暢，就是氣沒有放鬆之處。在技擊中，那正是被擊中之處。外形可以靠神經來調節，氣則要靠意念、情緒、經絡等內在的功能來調節。心情緊張、氣血不通是中醫學常講的病理，練拳時也是同樣道理，內氣不通自然對養生和技擊不利。

　　此外，對經絡、穴位的放鬆，也是疏導內氣的好辦法。如氣舍穴、氣海穴，氣戶穴、天柱穴、長強穴、會陰穴等，上領百會，下紮尾閭，鬆沉湧泉，都可以發揮內氣的功能。

　　練技擊內氣，在放鬆五臟六腑內氣之前，先要放鬆肢體的內氣，沒有這個前提條件就談不上練內勁。許多人就是因為過不了這一關，功力難以長進。所以，無論多難，外鬆與內鬆關一定要先過，才能涉及更深領域。

　　平時習慣用的後天之力，很難去除。特別是一些從事重體力勞動的人，要真鬆下來更不容易。如同冰凍三尺，非一日之寒，溶化堅冰，當然需要時間。

　　鬆不是一個勁兒沉氣，周身要有彈簧的張力，彈簧不能壓死，壓成鐵疙瘩就失去作用。還有個比喻，水鹼剛倒進杯子，飄浮在水中，不沉澱是無法清除的，沉下去不動的，很容易被清除。所以，氣要均勻地飄浮在體內各部位，能均便能鬆，能鬆便不易著力。

　　鬆是手段，不是目的。內外鬆透是為了達到「綿綿不斷，節節貫穿」的效果。比如，在梢節不鬆的情況下，根節再用功，中節也貫不上氣。如此功力再大，在使用時也

要大打折扣。聽勁時，相互尋找的也是對方未鬆透之處，最終要達到用意不用力，全體透空。

更高層次的鬆，還包括陰鬆、陽鬆、養生的鬆、技擊的鬆、有意的鬆、無意的鬆、無形無我的鬆、有形有我的鬆等。總之，鬆是練拳的要領，是增長功夫的進階，必須首先做到。

## （五）為什麼要一動一鬆？

無論是經典拳論還是老師言傳身授，主要內容都是內氣的運用。而內氣的由來卻是真正的放鬆，不少人幾十年都沒練出真鬆，因而難於進階太極拳高功。

對於初學者來說，「鬆」好說不好學。鬆一下容易，始終鬆就很難；局部鬆容易，整體鬆則比較難；軀體鬆相對容易，神、意、氣均鬆更難。但是，要達到此拳的基本特點：粘連黏隨、不丟不頂、隨曲就伸和捨己從人，首要的就是做到這個「鬆」字，其他招術、要求更是建立在鬆的基礎上。因為，這個特點正好違反了一般人正常條件下精神和肢體的反射規律，在遇到外力襲擊時，初步反應非對抗便躲閃。而太極拳練的就是陰陽對立統一與平衡，前題便是這個鬆字，一切都要從此起步。

對於鬆的要求和標準，經典拳論已經闡述很多，往往讓人顧此失彼，不知從何入手，或者不知對錯，直接影響了練習的進程。其實，對於初學者，不必考慮太多。

每人只需根據自己的條件、特點、經驗，練拳時做到每動必鬆。開始不用著急，該鬆沒鬆不要緊，經過勤學苦練，鬆的感覺就會越來越多。即便鬆不夠也沒關係，先不

去考慮怎樣鬆是對的，怎樣鬆是鬆透，只要堅持練法總會收到好的效果。

從上往下鬆時在行拳過程中不要停頓，拳速可以跟隨鬆的速度要降下來。如集體練時跟不上，可以自己單練，如環境不允許，只在意念中練亦可。

這裡說的「每動」指的是一個動作，不是一個式子。如一伸、一抬、一轉、一收等，都要在姿勢的終點做到放鬆。一般練拳從預備勢開始已經儘量放鬆，但是，每當做出一個動作的時候，功夫較淺的學員不經意間又讓身體的一部分緊張起來。因此，就可以再調整一次，如此練習，會在不長的時期收到很好的效果。然後再講正確的鬆透方法，更易上身。

孫老師教學，一般從拳架教起。記憶力好、用心學的學員，大約3個月就可以學會楊式太極拳老六路的一套架子。至於要領，孫老師常說的就是：鬆「透」了，走「活」了，走「合」了。其他要求則與拳譜相同，聽似簡單，真正做到不易，特別是初學者往往顧此失彼。因此，初學時不必一氣呵成，一次只練一個要領，習慣之後，逐步增加其他要領，每個人可以從認為容易的做起，等到掌握了基本要領，打拳時不太留意也能做到基本放鬆時，就會帶有一定的內氣，要根據每人情況安排下個階段進度。

根據師從孫老師多年的徒弟談到的體會。要將內氣練得越來越多，每一個動作之後，必須放鬆全身一次。剛開始，可能應該鬆10次，只鬆一兩次，慢慢增加，不要急。這種鬆是從上至下鬆到底，外形看不出，能鬆多少鬆多少，不必考慮鬆得是否正確，是否到位，只需邊練邊鬆就

能收效。

待鬆到可以保證每動一鬆時，就可以進一步練走氣。內氣按每式要求貫遍全身，並且讓它走到哪個部位都可以到達，這就是「走活了」。初學者要透過練拳使內氣逐漸增長。

只有局部運行的內氣、熟練的拳架還不夠，這時需要留意拳架前後相連、左右相照、內外相合、上下相隨、剛柔相濟、有無相生、陰陽相合、虛實相寓等，這才是孫老師要求的「走合了」。而無論是走活還是走合，前提都是鬆透。

## （六）怎樣練無極功？

無極是通向太極的源頭。無極功可以和太極功一起練，攜手相伴從初級進步到高級，這是楊式太極拳主張文武兼修的重要內容。不練無極功，很難練成高層次的太極拳。

無極功是從預備勢就應該具備的狀態，貫穿整套拳架，並且應用到技擊用法中去。如此重要的基本功，對於初學者來說，可能有些望而卻步。其實，無極狀態的高層次也是從低層開始的，只要逐層練習，不要被沒有感覺的現象動搖、失去信心，許多人都可以練成不同層次的無極功。每過一階段，先行者都會看出你的進步。

鬆淨是初級的、基本的無極狀態。全身放鬆就是在此基礎上，透過行拳、養氣會出現內氣充盈、舒適，並帶動肢體運動的狀態，它出現的時間、程度因人而異。真正的高級狀態應該是神意階段，練得可以用神、意、氣控制對

方，本身的小宇宙與大宇宙融為一體。

六祖大師解釋「禪定」：「妙湛圓寂，體用如如，五陰本空，六塵非有。不出不入，不定不亂，禪性無住，離住禪寂；禪性無生，離生禪想。心如虛空，亦無虛空之量。」雖說禪定需要修煉，但不追求於禪寂的形式，不執著於禪寂的想法，沒有程度的區分，這與無極狀態何其相似。

佛教認為「涅」者不生，「槃」者不滅。因此，六祖大師冠以「無上大」。可以概括「真如、自性、法身、一真法界、本來面目」等佛教術語，要在修煉中體悟驗證。這與太極的內功練法只是說法上不同，實踐中練的應該也是類似的那種境界。

在習練中，我們有這樣一種領悟：「無極是零，太極是一。無極是鬆、是空，太極是權、是中。」無極功就是這兩個數的轉換。有人形象地將初級練法稱為擀麵皮，想像中有一根擀麵棍，從頭到腳、從腳到頭將自己的肉身擀薄，變成一個口袋。口袋裡再裝上水，到了隨心所欲調動水的流向時也就進入中級練法。

也有人這時感覺裝了一口袋粥或漿糊，也不要緊，只要繼續往鬆上練，混沌、沉濁便可清澈起來。水在晃動時會有湧動或重力傾斜的感覺，這是正常的，在練拳架時也可以把這種意念帶進去。進而可以想像口袋裡的水變成細沙，從細沙變成煙霧、浮雲，最後將氣從百會穴升出，口袋裡空空如也。至此，無極功便可進入高級階段。

在高級階段，無極狀態應該可以做到隨意念而動，分時、分段、分方向進行。想要何時空便立即能空，要想哪

一部位空便只空那一部位，或者進入全體透空、無形無象之中。因此，可以說，無極狀態既是最低要求，也是最高要求。只要達到目的，用什麼方法都可以，完全根據個人條件、環境決定。方法很多，這裡僅舉了簡單例子，不可能只按一種方法習練，只要目標明確、能夠實現目標，幾種方法同時練也可以。

## （七）何為招，何為術？

眾所周知，太極拳技擊練法主要練的是招與術，「招」主要練的是技巧，其中包含了許多生理學、力學、物理學方面的知識，更多的是應對來襲的有效變化。拳架中的姿勢就是招的主要形態，還有在實練中的隨機應變。如果掌握熟練，並有較好的知彼主功，便可增強聽勁的功能，預料對方來勁的目的，提前作出反應，否則，只有處於被動。

無論是「空化」「螺旋」「車輪」「扇面」，還是各種「勁」、各種「式」，按汪永泉《楊式太極拳述真》中的用法，都要在內功練習、成熟的基礎上才能體驗、實現。因此，內功的練法是廣大拳友孜孜不倦、夢寐以求的得道之路，只要不偏離，每一個階段都會有新的收穫，但這種收穫是在堅持不懈和不知不覺中形成的，確實需要耐心、辛苦練功，忍得住磨難才行。

有的老師主張先練術，後練招；有的老師主張先練招，後練術。其實，招與術是太極拳技擊功夫的兩個方面，缺一不可，最終必須結合起來用。相對於招，太極拳對於術的要求更高。「術」指的是內功，是內氣、內勁、

精神、意識、意志等的綜合功法。內功也是太極拳的基本特點，是練太極技擊功夫的前提和基礎。

老子說：「天下之至柔，馳聘於天下之至堅，無有，入於無間。」有助於解釋術的內容和作用。術是看不見又無所不入、無所不穿的能量，甚至可以由自身的某一部在體外發揮作用，也可以滲入他人體內發揮傳導、遙控作用。在術的眾多練法中，內氣是最先，也是最主要的練法，這種氣就如孟子所說：「其為氣也，至大至剛，以直養而無害。」也可以說，太極拳的巨大能量正是由於練出來的內氣至大至剛體現的。內氣只在自己體內運行、梳理，那是養生練法。技擊練法中內氣要「發於中、行於外，達於四圍」。使人在接觸氣點時，如同按在一個皮球上，找不到發力的中心，自己反而失重、跌出。學習太極拳的人，無不追求內氣的至大至剛。

招與術的關係如同陰陽，不可分離，又相互轉化。各種套路在每一式都有若干開合，練到內功階段就不能僅開擴、收斂形體，還要開合內氣，並用內氣的開合引導形體開合。同時，也要留意內三合、外三合的協調、放鬆和立中。在初、中級階段，某一方面練得較強是普遍現象，最終則要補回欠缺之處。

## （八）如何練出內氣？

練太極拳的人對內氣無不孜孜以求。其實，每個人都有內氣，我們追求的是內氣的至大至剛。根據孫老師的說法：「拳練對了，氣自然就出來了。」他要求練拳時千萬不能憋氣、努氣，要自然、舒暢。

　　古人說，精爲氣之母，神爲氣之子。因此，內氣的訓練如同水力發電，先要養護好水源，也就是所謂的「精」。這就需要珍愛生命，養成良好的生活習慣、合理的飲食起居都很重要，水源不斷、充盈，才好發電。至於鍛鍊方式，則可根據自身特點、條件適當選擇。比如，一些「樁功」和氣功、瑜伽功等，只要是適合自己養氣的方式，都可以用來協助養氣。但是，一定要警惕產生副作用，練氣時注意不要形成雙重或拙力。否則，要糾正偏差，會很費時間、精力。

　　待內氣充盈，可以調理臟腑、經絡，形成良性循環後，精神自然旺盛。「神」包括精神意識，也包括心神靈氣，可以由內氣調控與支配。《管子》說：「虛其欲，神將入舍；掃除不潔，神不留處。」（《心術上》）表示神不能離開形體而存在，也表示由氣承載神的生發。所以，能否提得起「神」，建立在「煉形生精，煉精化氣，煉氣還神」這一煉養結合的過程中。「氣」既是天地萬物變易的動力之源，自然也應是「神」的本原。

　　大、中、小三套拳架都可以用來練內氣。初學者可在肢體的鬆柔運動中感覺、增強內氣的產生，經過一段時間的練習，肢體的末梢及脊椎等處，會有一些輕微的麻、脹感，此時，內氣還只是在體內運行，對他人並不構成威脅。這一階段的技擊對練只可練聽勁，不能試圖反擊，否則會產生拙力，對養氣產生不利影響。這時練氣只要隨、只需鬆，不能追，不可強求。

　　到了中級階段，內氣由意識調出體外，高明的對手會聽出來，告訴你，有了，只要一搭手就知有沒有。此時的

內氣一半在體內、一半在體外，在氣感較明顯的前提下，便可有意識地在體內升降、周轉、調動。平時行、立、坐、臥都可以練氣。待氣血通暢、氣感調動自如後，便可在老師指導下，配合「招」來進行實練，隨意把它調動到需要之處，但是要注意防止「意重則滯」。

因此，在鬆的過程中，還要加上對意的訓練，在意可自由調動內氣時，便進入高級階段，此階段的內氣可以有70%在體外，達到出神入化狀態。

根據文獻記載，一般功夫高強的大師反而不願出手，實在不得不出手時，也留有足夠的分寸。汪永泉大師稱為「善手」，或說此人「手善」。這不僅包含「上善若水」的意思，也與高層的功法與人的精神境界密切相關，心存惡意的人達不到很高層次。

唐代佛教大師慧能在說法中指出：「但識自本心，見自本性，無動無靜，無生無滅，無去無來，無是無非，無住無往。」這些都是相對的，不是絕對的無，與太極拳的無極與空類似。這樣一種類似於「道」的狀況，就是「真如自性是真佛……法身報身及化身，三身本來是一身，若向性中能自見，即是成佛菩提因。本從化身生淨性，淨性常在化身中，性使化身行正道，當來圓滿真無窮」。習練太極內功的人們，需要去掉的則是邪念，克服貪、瞋、癡、慢、疑等害人害己的情緒與念頭。只有心的清靜才是真正的清靜，而不是外形的靜止。自性能夠包含所有的感知，增強感官的功能。由此可見，太極拳的基本功是符合佛家道家理念的。

佛教不主張走極端。《金剛經》上說：「若言如來若

坐若臥，是行邪道。」是指修煉的是心悟，而不拘泥於任何形式。對於拳術來說，重要的不是外形，而是內在的神、意、氣，心淨才能給它們創造廣博的空間。

## （九）如何理解「用意不用力」？

一般練到一定程度的拳友，便會面臨這個問題，而這個問題的解決與否，正是功夫能否上身的緊要關頭。

首先，「意」不是隨意遐想，不是憑空臆想，而是能夠「導氣」的那種「意」，是建立在熟練功法、招法、拳理、拳術上的「意」，是建立在雄厚的物質基礎上的「意」。

其次，這裡的「力」指的是一般概念的力量，也就是後天逐漸增加的力氣。並非太極拳所練內勁、彈簧力、極柔而極剛之力、槓桿力、三角力等。

意比氣更加虛幻，也更加不好解釋和掌握。但是，意在技擊練法中又是一個不可回避的關鍵。這裡僅就練習中的體驗作一些粗淺探討，目的不在破解，而在積累、保留一些切身體驗、感受、思索，其中難以說明的玄妙之謎，有待同道進一步研究。

老拳譜裡對意的提法很多，如「以意領氣，以氣催形」「心與意合，意與氣合，氣與勁合」「拳無拳、意無意，拳到無意是真意」「意在蓄神，不在氣，在氣則滯」「用意不用力」「勁斷意不斷」「如意欲向上，即寓下意」「心如令，氣如旗、腰為纛」「意氣需換得靈，乃有圓活之趣」「彼無力我亦無力，我意仍在先」等。可見「意」在太極拳中的地位和作用的重要性。

從字面上看，有願望、意思、料想的含意；從內容上看，有意念、意志、意識的含義。意念就是想法、念頭，也就是說內氣是靠想法、念頭帶動的。孟子說：「志者氣之師。」也說明意志與氣的關係。

　　意識是高度組織化了的複雜神經回路的功能表現，腦力活動高級神經回路極為複雜，是目前任何電子集成線路無法比擬的。因此，有人形容人腦是「小宇宙」，說明意識是一個空間——時間——品質——能量的多元綜合體。意識功能就是大腦這個「小宇宙」中的生物、化學、物理功能的相互轉化、相互作用的結果。

　　由此看來，意是大腦透過光子、分子、壓力、溫度等形式發出的指令性資訊，用來指導人的生物性反射。因此，意既可以開啓內功的閘門，使其發揮巨大能量，也可關閉這道閘門，造成內功的封閉或阻塞。這也正是老拳譜中對「意」為什麼會有相反的兩種說法，既強調意的重要性，又要求警惕意的統帥作用要有分寸，切忌瞎指揮、亂引導。否則，便會出偏差，甚至前功盡棄。

　　這種辯證思維也正符合太極拳原理和太極拳精義：任何一種功能，都要掌握一定的度，不是越多越好，過度就要走向反面。有人認為，根據十三勢訣「命意源頭在腰隙」，意居於腎臟之內。由於腎可分泌三十多種激素。副腎髓質完全聽命於腦下垂體，其分泌的「腎上腺素」及「新腎上腺素」可鼓舞人的意志力，因此，要特別注意腎臟的保養與鍛鍊，以發揮傳遞迅速、運動快捷的功能。

　　還有將意分為動意、意念、意識和潛意識的觀點。認為動意就是太強調動作的走向，使人失去重心的意念，是

在對練中心腦設防，使全身下意識僵緊的根源。因此，動意是拳術進步中的障礙，需要去除。

意念與動意不同，意念隨陰陽變化而靈動，是學拳者必須很好體驗與掌握的方法。不要刻意去用意行動，放鬆習練才會有好效果。

而意識和潛意識都是人的精神與智慧，用來支配人的行為。特別是潛意識，可能會迸發出無窮力量，在太極拳練法中，意識屬於有意無意之間。意識在人體中能量是微小的，而潛意識的能量超出人的本能，但要善於運用。

## （十）如何練意？

太極拳中「意」的具體練法，總的說來就是練分寸、練深淺、練火候、練動機。意在拳法中不是妄念，不是空想，是在一定內功基礎上的催化劑、動力之源。但是，任何事物都有兩面性，如果不能掌控，同樣也起不到相應的作用，或起反面作用。

比如，意重則滯就是反作用，而意輕又不能帶領氣去完成任務。這就需要深入體會太極→無極→太極的循環，也就是孫老師常說的「鬆上走」「一動一鬆」等要領，首先就要鬆意，如此才能連綿不斷，「便利從心」。要先學會捨，並且要捨得徹底，捨得空空如也才會有得。至於分寸、深淺、火候、時機都要在一定基礎之上、在對練中根據不同情況逐漸摸索，是靠實踐來磨礪和檢驗的真功夫，僅靠聽、說、讀、寫是學不到的。

練到高層次，為什麼特別強調精神放鬆？因為，如果雙方的聽勁都達不到「我獨知人」的程度，較量的就不再

是身體的放鬆，而是精神、氣勢、思想、意識的放鬆，誰鬆，誰就略勝一籌。

所以，老拳譜所說的「以意導氣」「意氣君來骨肉臣」等，不僅說明了內氣、內功的動力之源，還說明練到高層次是什麼在主宰決定功夫的水準。怎樣才能達到精神的放鬆？精神放鬆不是在起勢之前就要做到嗎？

起勢前，無極狀態的放鬆，多要求去除雜念，這與技擊中的意識較量不同。此刻面前多了一個想將自己擊出的對手，也許技能很高，這時精神上還能放鬆嗎？最有可能的意識就是提防，同時，還想如何攻擊。如果對方只等著聽你的勁，你的勁一出就會被對方拿住，加以利用。要想徹底做到精神的放鬆，不僅是勁道的「捨己從人」，而且還要從思想意識深處真正做到「捨己」，也就是捨棄一切想法，精神層面也完全空下來，才能將對方的來力落空、反彈、化解。

無論有多少種觀點，「意」屬於精神領域的看法是比較一致的。在太極拳練法的實踐中，以意導氣是精神變物質的典型事例，如能將這一過程運用科學實驗進行探究，必將會結出造福人類的又一科研碩果。

事物在靜態與動態的情況下是不同的。比如，子彈在穿擊玻璃時，是在未接觸玻璃前，就由彈頭前產生的衝擊波穿出洞來。

只有低速時，才出現彈體撞擊玻璃現象，這與太極拳內功在高級與初、中級表現的差別相似，雖然尚待實驗證明，但內功層次的差別應該與速度有關，而這一速度並非動作中能體現出來的，或許與「意」有關。

## （十一）應練五弓、三弓還是一弓？

拳術經典中常把身體的內勁、彈勁比喻爲張「弓」射箭。有主張練成五張弓的，指四肢各爲一弓，軀幹一張弓；也有主張練成三張弓的，上肢爲一弓，下肢爲一弓，身軀爲一弓；關於五弓還有其他說法，如身、掌指、腿、腳、腳掌趾各爲五弓（李和生的《楊式太極拳內功解秘》）。弓的部位、拉伸長度有所不同，但拳理、拳法仍爲同一，外形隱蔽更利於內功的「緊湊」訓練，形成細微、不易防守的發放功夫。也有主張練成一張弓的，即整體合一，腰爲弓柄。

拳架時期一般多練五弓，內氣、內勁時期多練三弓，練養生、技擊方法的神意時期多練一弓，各人亦可根據自身條件、適當選擇。初學可將氣圈裂爲兩半分開練，著意各部分的位置和使用方法，虛實分清，形成單沉、單輕的拳法。走內勁時，雙臂、雙腿相互呼應，形成雙沉、雙輕拳法更爲有利。養生與神意時期則化零爲整，整體渾然自如，不知有肢體之分。

老子說：「天之道，其猶張弓也？高者抑之，下者舉之，有餘者損之，不足者補之，故天之道，損有餘而益不足。」他講的雖是世間的規律，也很適合太極拳的用法。他主張：弓拉得太高，應壓低一點；拉得太低，應抬高一點；拉得太滿，應鬆弛一點；拉得不夠，應加一把勁。具體到將內勁練成收放自如的彈簧勁，如拉弓一樣，也應注意拉的位置和分寸，不可一味只管拉、放。使用得不好，反會彈到自己。

練五弓時，主要以身軀的自然彎曲部為弓柄，比如，肘為臂弓的弓柄，弓弦就在手與肩之間，完全靠氣的拉抻、呼應為準，弦繃起來時，將對方彈出。

練三弓時，兩手對應處為弓弦，弓柄可伸縮自如，根據實際需要調整方法、幅度，不但弓弦可以彈發，弓柄也可續發。

練一弓時，整體渾然一氣，頭頂與腳之間形成弓弦。同時，弓柄既可朝前，也可朝後，屬於「挨著何處何處發」的境界。

弓的功能雖然是進攻，但練的時候要留一部分作為防守。練五弓時有三弓是防守，三弓中有兩弓防守，練一弓時有一半用於防守。另外，不同的式子有不同的練法，一種式子也可有多種練法，不可拘泥於一種方式。

## （十二）怎麼聽「勁」？

這裡說的「聽」，是用觸覺去「聽」，用心靈去感應。內氣練到可以實用階段，就可以經老師、同道指引練聽勁，這是實際應用過程聽、懂、引、拿、發的第一步，這個程式不能顛倒。

聽要有明確的意念，聽的是對方內氣、內勁的走向，聽到為第一步。初聽時可能分不清是內勁、拙勁，但知道有勁、沒勁，慢慢就能分辨出來，但不知該怎樣處置。在聽到對方氣、勁之後，要明晰它們的來源、走向、目的，這就是懂勁。最先懂的可能是走向，這與聽到幾乎是同步的。但被發出去之前，未必能聽到它的目的，待聽到時人多已失去了平衡。如能事先知道目的，便可提前防範、化

解。當然，能否化解要看功力、時機，但聽懂是大前提，能夠聽懂來源則更進了一步，不僅有利於防範，化解，還有利於變被動為主動，事先堵住對方來力的通道，是否成功決定於自己的功力。這是修煉懂勁的三部曲。

正如名家所言：「由招熟而漸悟懂勁，由懂勁而階及神明。」懂勁需要建立在一定基礎之上，初學者開始練鬆、靜，練到一定程度便能產生超過常人的觸覺和知覺，這時便可練聽勁。首先要先聽對方的發勁，要以平常心、求知心對待被動失勢。逐漸便可聽到對方的勁端，聽出對方的勁法以及勁路的勁源。這個過程的快慢因人而異，與各人的內功水準密切相關。

與中架配合介紹的技擊內功練法，總體為文，其中也包含武的成分，因文練的目的是武用。用數字來比喻，無極為零，中為一，陰陽為二。落實到勁法上，雙輕為零，雙沉為一，半輕半沉是三，其他均為病手。

在實練中，雙方都不會只等對方在迅速變換的功法中來聽，要搶先做出應變方案。用亂環化點，就是應對變化多端的攻擊點，自己不熟悉對方的勁道，一方面先讓自己成為一個球體，對方怎麼推就怎麼轉，完全捨己從人。如果對手快得跟不上那就用意氣接到對方勁道，由自己身體反射到對方身上，化點越小越好。所有用法都需要練好聽、懂、引、拿、發做後盾。

關於聽勁的方法，不同時期有不同練法。經過一定聽勁訓練之後，已經帶有一些內氣、內勁的人便可聽到對方的勁與氣。此時尚不能發放，還需在對練中與對方形成一個完整的太極圖，你中有我，我中有你，將內氣相互滲

透、相互調劑，以增加彼此的功力，這時的推手應稱為「揉手」。應避免猛推硬拽，調出拙力，影響到以後各步驟的發展。只利用內氣帶動外形，或根本不動形體，只體會對方內氣的走向。

太極拳揉手過程不主張實施抓、捏、撕掠、箍抱、拿反關節等方法。主要採用粘、連、黏、隨、捨己從人、力從人借的方法，以意導氣，以氣運身，從而形成周身彈簧力，並擴大這種功夫的效應。

揉手練到具備彈簧力以後，便可練發放手。練發放手時便可利用十三勢的勁法、步法、手法、身法、眼法等各種方法和對方周旋。此時對練雙方便可分成兩個單獨的太極體，各自運用陰陽、五行、八卦的原理發放。發勁又分「定發」，又稱「靜發」或「活發」，還稱「動發」。發放手與揉手不同，需要進一步掌握各種勁路與內氣外化的方法，並在對練中熟練、靈活運用，才能達到發放的效果。關於內外相合的要領，汪永泉先師作過深入的講解：「外轉內不轉，謂之跑。有跑而不隨必傾。內轉外不轉，謂之藏。有藏而不出必餒。外開內不開，謂之支。有支而無援必斷。內開外不開，謂之蓄，有蓄而無開必憋。」

為何要求招熟而漸悟懂勁？招熟不僅在於盤架子，而且還在於內功中內三合、外三合與內外相合的熟練，這個過程是最為漫長的磨鍊。

此外，在此期間，所有要領都要使其成為不經意便可做到的習慣，在此基礎上便可以練習散手。

散手已進入對練中的實用階段，任何理論、方法、知識、經驗，都要透過散手對練看出效果，也可以說，散手

091

是檢驗功夫的實踐過程。

練到一定層次，體內便產生靈敏聽勁的功能，此刻，便絕不會把內功的功力看成是心靈感應、心理暗示，更不會認為是無稽之談。能夠聽勁只能說已經入門。如果聽不到勁，不論費時耗力多久，也只能永遠徘徊在太極拳的門外。

真正做到這一步，便可運用自如，聽勁以前一定要鬆透，即碰何處讓對方都使不上勁兒，一發力就反彈。是在對方力還沒打到之時，用內功接住對方的勁兒。但也不是死抗，在聽到勁、懂得勁的前提下，才談得到與對方來勁不混合，以便為自己的防守反擊留有充分時間準備。

## （十三）如何練腰功？

經常有人在觀察別人練拳時，說你打的這是半截拳，意思是沒有腰以下的功夫。練腰以下的功夫首先要練腰部的鬆柔、沉穩、靈活，無論練習拳架還是對練，老師經常要求鬆腰胯，甚至要鬆到中空之勢。只有鬆了腰胯，氣才能下去，底盤才穩，才能真正做到一動無有不動，上下、內外實現整合協調的態勢。

由此看來，腰不僅要管下半截拳，也是承上啟下的中樞環節。關於腰在太極拳中的作用，老拳譜講「腰為軸，氣為輪」「其根在腳，發於腿，主宰於腰，形乎手指，由腳而腿而腰，總須完整一氣，前進後退，乃得機得勢，有不得機不得勢處身便散亂，其病必於腰腿求之」「命意源頭在腰隙」「活潑於腰，靈機於頂，神通於背，流行於氣，行之於腿……」「刻刻留心在腰間」等。

　　李雅軒大師之徒張義敬先生認爲：「腰是全身上下的樞紐，腰不鬆，根力很難上達，全身的整勁便不能完成。腰是龍頭，腰的活動可以帶動四肢，任何肢體動作，都是腰部運動的外在表現。」

　　「四肢是外梢，不可自動，胯爲底盤，務須中正，以思想命令於腰脊，以腰脊領動於四肢，尚須以安度晚年敢相配，上下相隨，完整一氣，否則非太極拳功夫」（李雅軒的《太極拳精義》）。因此，如果練會了腰功，練一趟拳不過是在腰部轉些圈圈而已。這樣練法可起到「行雲流水，純以神行」的效果。在對練中，也可起到引進落空、避實擊虛、以小勝大、以柔克剛的作用。

　　同時，腰功在上半截拳中也極爲重要，根據太極名家李和生先生的理論：「兩手和兩臂的運動，都要由腰來統領支配，而且兩腰要分別運動，左邊腰支配左臂左手，右邊腰支配右臂右手。」如果腰功上了手，等於得到了以身變手的訣竅，對「以氣變手」「以意變手」來說，是首先要打好的基礎。

　　練腰功可以將手臂的槓桿力延長到腰，由此產生巨大的威力。各部位的訓練都從「鬆」開始，腰功同樣也要從鬆上練起，應練到感覺不到腰的存在，又能將腰功運用自如。

## （十四）什麼叫「點中求」？

　　在對練中，老師往往讓學員先將對方「點」住或拿住，再發。這個「點」是個動詞，是對練中需要做到的第一個步驟。如果「點」不住，後續的功夫也就很難發揮出

來。

運用「點」的功法，對於已經有一定基礎功的拳友來說，並不是很困難的事。但對有些初學者來說，就非常困難，問題在於你用什麼來「點」。如果用招來「點」，永遠也「點」不住。只能用內功來「點」才能控制對方，要從練鬆開始運用內氣才能實現「發落點對即成功」，如果只能用力來「點」是「杵」。以拙力制動是與「點」背道而馳的，隨著功力的增強，不僅用肢體能「點」，而且內氣和眼神都能起「點」的作用。

孫老師常常要求：「制勁端，化勁源。」就是需用「點」的方法，接到勁端，點到勁源，封堵住對方來勁的通路，當然，這需要在長期的對練中不斷摸索才能體驗。在接觸點上（控制勁端）自己發出的內氣要同時向出擊方向或四周擴散，如果只是點到即止，則會被對方利用作為要找的勁端。因此，許多高功大師無論先發制人，還是後發制人，都能找到對方的「點」，點中即出。

當手心朝向接觸點時，聽勁的位置常放在手背的中下方小指處；當手背朝向接觸點時，則應轉向手心相應位置處。不能用接觸點直接聽勁，這種聽法也稱之為「手眼通天」。聽勁的同時，也可利用此點發或化。

注意力應完全集中於對方身上，意念中要忘我、無我，只有對方的勁點。如此，神、意、氣才能充分發揮其作用。當然，也要對方同時接收得到才行。感覺不到神、意、氣存在的人，在對練中就達不到共同提高的要求。

有種說法：練到一定程度後，一接手就只許對方出第一次手，以後的主動權就要全掌握在自己方面。要是功夫

達到這種程度，在於對方出手時找到對方的中並及時控制住其勁點，準確接住對方來勁，時時跟隨不放，無論對方用何種招法，把對方的勁點還他就是。當然，做到這一點要有一定基礎才行，否則，找不到對方勁點，反被對方找到勁點。

另有一說在於出奇制勝，即根本不讓對方使出第二手來。也就是一招定輸贏，朝對方出手時露出的破綻，一次擊出對方，這就更需要足夠的功力。

另有一說在於防守嚴密，這種防守方法稱一手替八手，即從八個方向防範和攻擊對方的第一手，從此對方就只有招架之功，無進攻之力，這首先需要練好十三勢，並達到嫻熟程度才行。

## （十五）如何練出「彈簧力」？

在太極內功日益被廣大愛好者所瞭解，得道人群日漸擴大的今日，內功的較高境界「周身彈簧力，開合一定間」，就成為大家議論和追求的熱點。能夠練出「彈簧力」，才能體會何為「一羽不能加，蠅蟲不能落」。因為正是這種力，能夠將最微弱的來力反彈到發力者身上，最終體現老子所謂「無為而無不為」的精神。

練「彈簧力」需要一個過程，這個過程因人而異。每個人的基因、體質、環境、習慣不同，練的過程與效果自然不同，不能因為見同學比自己得功快，就產生急躁，甚至厭學情緒，這樣是練不出真功夫的。

比如節節貫穿，不僅是形的綿綿不斷，而且還有氣和意的綿綿不斷。如此，才能貫穿起來，形成整勁。而整勁

正是形成彈簧力的前提。

在放鬆、盤架子、以意導氣、抻筋拔骨等練法磨礪日久之後，去掉本力就成為攔在面前的一道溝坎，翻越過去，便是另外一片天地。恰恰在這道關卡前，很多同道前功盡棄或另覓他途。

大家都知道老拳譜上「用意不用力」這句話，但是真到了對手強大的壓力和變幻莫測的招式襲來之際，這句話就很難發揮效力，本力不由自主地奮起迎戰，在這種反反覆覆的本力衝擊下，彈簧力自然蕩然無存。

彈簧力的產生必須建立在鬆、靜、自然等要領的基礎之上。僅一個鬆字，便要達到散、通、空都練出來的層次上；靜則要達到精神、神經系統完全虛靈的層次上；自然要不留一絲本力，只要做到彈簧力便自然形成。

這種陰陽剛柔轉化的過程，便是太極內功充實之後自然形成的陽極生陰、陰極生陽的效果。只需守住太極內功的功法，在遇到外力時，它自然會柔中寓剛、剛中寓柔。離開太極內功而繞道採取的拙力、硬功，都屬於背道而馳。

彈簧力產生之初，忽隱忽現，難以掌控。為了保持彈簧力，還可能出現僵勁的現象，此時，如果把握不好，只管放棄這一次，從頭再來，千萬不能停滯不前。仍舊從鬆空、靜篤做起，彈簧力便會重新回到身上來。同任何功力一樣，彈簧力本身也有個成長、發展過程，需要堅持不懈、百折不撓地培養，逐漸增長其影響力，並非一上身便威力無窮。道理是淺顯的，在實踐中才會考驗人的忍耐力、承受力、領悟與修正的能力，以及來自各方面壓力的

緩解能力。

彈簧力練到中級階段，會感覺內氣均勻地彌漫在體內，沒有任何凹凸、缺陷處，並不呆滯，而是如雲霧飄渺、如波濤洶湧。遇到外力，不會頂出，而是自然順隨，同時壓迫內氣緊縮，在適當時機，順勢彈出。

再進一步則是「一羽不能加」的境地。在這一階段，才能真正進入太極拳只防不攻、對手自不敢犯的境界，體現「無爲而無不爲」的至高追求。無論怎樣，「鬆」是貫穿始終的，要練彈簧力，首先要練「鬆」。

## （十六）爲什麼要分階段練習？

如今，學習太極拳的拳理拳法，多依據歷史上流傳下來的一些經典著作、歌訣語錄（後面暫時統稱爲拳經），許多名家、大師也總結了自己的經驗，著書立說，幫助太極拳習練者提高。許多書中也強調學習要分層次。

其實，太極拳是沒有門檻的，誰學都行，都能得到收益。但是，如同其他學問一樣，越到高層次越難。特別是一開始基礎就沒打好的人，邊改邊學，更加困難。

無論是拳經也好，名家的著述也好，全都是傾其畢生心血，總結一生經驗結晶之作。學習者必須根據各自已有的水準，循序漸進地逐步提高。初學者如果抱住高層理論習練，功夫恐怕是很難上身的，反之，已經具備了中層基礎的人，只記住了淺層的理論，不肯深究，也是徒勞無功的。比如，拳經要求：大動不如小動，小動不如不動。如果初學者也這樣練，何時能成？

這裡說的不是真不動，是外形不動，內裡有功夫。可

是，初學者不經由拳的外形訓練，僅靠打坐、站樁，練成的是氣功，不是太極拳。太極拳的內氣、內勁，都是在行拳中形成的，無論收效快慢。

當然，無論是氣功還是其他鍛鍊方法，對於太極拳都有輔助、借鑒的價值，但是，太極拳有其自身的規律、方法、特點，需要理論結合實際，實踐與研究相結合，逐步提高。

有些拳經的內容適合從低到高各個層次，比如：虛領頂勁、沉肩垂肘、中正安舒、尾閭鬆沉等，對這類基本要領絕不能打折扣，慢慢練到成為習慣，不注意也能做到，即使達不到高層次，必能提高生命品質。在不同層次，同一要領含有不同內容，如：在初級階段，不丟不頂是指不丟、頂對方的形；中級階段是指不丟、頂對方的內功；高級階段是指不丟、頂對方的神意。

本系列書將三套拳與三種功能分開詮釋，也是這個目的，不論哪一套，最好先練養生功，內功，再練招法。與養生練法不同的是，技擊內功需要較高的體質配套，也就是對筋骨皮的訓練。任何「虛」的練法都是建立在「實」的基礎之上，「鬆」不僅是精神放鬆，而且肌肉、經絡、骨骼都要放鬆，中正也要首先達到軀體無偏斜才行，陰陽本身就包括「實」，即便是用意，也是由物質的身體產生的。特別是養生不存在異體的比較，而技擊面對的則是另外的實體，如果對方筋拔得更長，鬆得更透、骨密度更高，那麼光靠「一口氣」就不足以制勝，同時，否定實練也不符合太極拳精神。

練體固精，練精化氣，練氣生神，練神還虛，返本還

原循環無端。這是對太極拳練法的高度概括。首先要把拳架學會，以形帶氣，形的目的是疏通、理順氣的通道，使氣運行時舒暢無阻。同時，透過練體增強消化吸收功能，從而生精固精，然後再練精化氣。

所謂「精」既指先天遺傳之精血，也指後天攝取飲食精華和天地之氣。氣則為人體潛在的能量，古稱中和之氣。經過修煉，上升為神。神是能夠引導氣的綜合精神能量。在「神」的強化意識指導下，才能進入虛無狀態，虛是無形無象、全體透空的境界。此為內功練法，用法另有規律。用法必須以練法為基礎，練不好則用不上。也有人將內功練法概括為鬆、散、通、空。鬆是前提、手段，並貫穿始終。

拳架練好了，有了一定內氣運行，即可訓練內功用法，首先對於內氣的聽、懂、引、拿、發要按順序一步步進行，可以結伴訓練這五個步驟，才能最終達到發落點對即成功。

其次聽懂內氣、內勁的運動、趨勢、走向以後，如何靈活應用，就進入內功的學習範圍。內功就是讓內氣、內勁用得適當，恰到好處，不能過，也不能不及，更不能亂用。

有的著論中說：「始而意動，繼而內動，然後外動。」「由表到裡，由外及內，由形到意。」這些說法都有道理，卻讓初學者無所適從。主要問題在於文武之道沒有分開，即練法與用法混為一談。

在初學階段，還是從練形入手，進而練形固精，練精化氣，練氣生神，練神還虛，待練到這個階段，便可以

「以意導氣，以氣運身」始而意動了。也就是說，這裡說的「意」，不是空想，不是妄想，而是建立在物質基礎上的主觀能動性，必須與長期艱苦的形和氣的訓練結合在一起，才能做到用「意」調動「形」。

老子說：「反也者，道之動也；弱也者，道之用也。」意思是相反的方面，是道運動轉化的方面，柔弱的方面，是道發揮作用的方面。這與太極拳的要義一致，或者，可以說，太極拳的精神源頭，就是來自於老子的學說。就太極圖的形象看，也蘊含著對立統一的辯證思想。所以「與物反矣，乃至大順」。

所謂「太極十年不出門」，並不是限制學習時間而是形容學習過程的漫長與艱難。在這一過程中，有一個簡而繁、繁而簡的規律，初練養生架子要求不高，整體緩慢、舒展、均勻，愜意就好。如學習技擊，則有一整套訓練方法，從外到內、由簡入繁、從理論到實踐，缺一不可。經過這一階段，取得優良成果後，便可從繁到簡進入「先天一氣圓滿而無虧」「以無形控制有形」之境。

# 楊式太極拳中架套路拳譜

## 第一段

（ 一 ）起　勢
（ 二 ）攬雀尾
（ 三 ）單　鞭
（ 四 ）提手上勢
（ 五 ）白鶴亮翅
（ 六 ）左摟膝拗步
（ 七 ）手揮琵琶
（ 八 ）左摟膝拗步
（ 九 ）右摟膝拗步
（ 十 ）左摟膝拗步
（十一）手揮琵琶
（十二）左摟膝拗步
（十三）進步搬攔捶
（十四）如封似閉
（十五）十字手

## 第二段

（ 十六 ）抱虎歸山
（ 十七 ）肘底捶
（ 十八 ）倒攆猴
（ 十九 ）斜飛勢
（ 二十 ）提手上勢
（二十一）白鶴亮翅
（二十二）左摟膝拗步
（二十三）海底針
（二十四）扇通背
（二十五）撇身捶
（二十六）進步搬攔捶
（二十七）上步攬雀尾
（二十八）單　鞭

## 第三段

（二十九）雲手(三合三開)
（ 三十 ）單　鞭

# 四

# 楊式太極拳中架套路圖解
## 及內功練法

（拳照動作以文字為準）

## 第一段

### （一）起　勢

1. 面南，併腳自然站立，兩臂鬆垂，身體正直安舒，掌心貼近大腿外側，關節放鬆，頸椎不要僵硬，下頷微斂，舌抵上腭，意境深遠；目光平視前方。（圖1）

【內功練法】

虛領頂勁時，頭頂如有個小辮被往上揪，無論是含胸拔背、沉肩墜肘，還是開胸張肘，目的是上半身內氣充盈、通暢。而收腹斂臀、

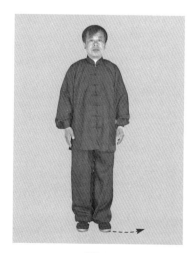

圖1

鬆胯微屈膝、尾閭中正是要達到下半身內氣充盈、通暢。正如孫老師常說：「先樹丹田氣，四勁頂頭懸。」內氣沉丹田，貫於湧泉，先將湧泉之氣下踩，做到腳踏實地。內氣由腳心向上擴散，一條氣路從腳跟、踝骨、小腿、大腿、胯、腰、腹、胸、頸、頭，節節貫穿，另一條從湧泉至腳尖，兩線同時到達，並在肩、腰、胯形成三道氣圈。內氣上調不足時，微掤一下小腿；內氣擴散不通時，有意收尾閭，鬆沉會陰，如孫老師所言：「尾巴尖插到地底下去。」由調節陰陽平衡，達到全身放鬆平穩，此刻擁有漂浮感最好，如入空靈虛無境地。孫老師要求：「要鬆到感覺不是你的體。」

但鬆不是懈，外靜內動，精神自然提起，做到敬、淨、靜，去除一切雜念。



起勢這種姿態、狀態在開步前完成，因為非常重要，又被稱為預備勢或無極勢，是決定是否帶功行拳的關鍵環節。因此，需要貫穿於整套拳中。

初學者沒有什麼感覺時，不必強求，只需留意放鬆即可，能鬆哪兒就鬆哪兒，能鬆到什麼程度就鬆到什麼程度，慢慢提高功力。此部分內容以技擊內功配合中架拳路，因此，要求練拳時假想「前方有敵」，此要求以後各式不再重述。

2. 身體中正，重心移向身體右側，左腳提起橫移一步，與肩同寬，雙膝微屈；目光平視。（圖2）

【內功練法】

周身內氣鬆散，提腳時向上領氣，內氣一悠到腰。雙臂內氣下沉，落步時收尾閭，內氣再悠到肩。眼中內氣外散。

圖2

圖3

圖4

圖5

　　3. 雙手抬起，指尖相對，於腹前合攏，提至胸前；目光內斂。（圖3—圖5）

圖6　　　　　　　圖7

【內功練法】

　　若身體拔高，內氣集於腰部，如弓柄外凸，雙手回攏時內氣提至肩頸，然後內合，有引進之意。神、意、氣動則分，靜則合。


　　4. 前臂向外滾動，手心向上，雙手平托向前伸出，由拇指引領，開至與肩同寬、同高，五指散開，如扇形；隨即雙手由小指引領內扣，收到腰間，氣意鼓蕩。（圖6、圖7）

【內功練法】

　　右腳虛，左腳實，注意手與腳合內氣均從腳底生出，然後集於肩背部，後頂，貫至雙肘、腕、手。小腹外脹，手心如托氣球，氣從中指發出。暫態散開，如曇花一現。腕回收時，內氣貼背下沉到腰間，另一股內氣從湧泉上

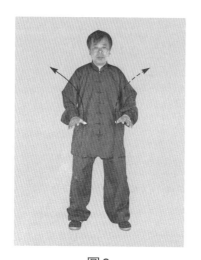

圖8

圖9

升，在腰間匯合，擴散出去形成氣圈。用鬆沉勁將雙掌放在無形的對方身上。雙臂由胯帶回下落時，右腳實，左腳虛。從腳底升起內氣，沿腰、背上頂，雙臂由反作用力自然垂落，不用下按之力，用採勁。

5.前臂內翻，屈肘，手心向前下方由下而上向前推按，手心向前，胯微後坐，雙手自然下落；眼神引領。（圖8—圖10）

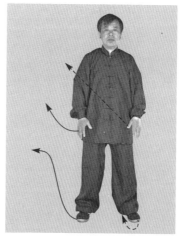

圖10

圖11　　　　　　　圖12

【內功練法】

身體前湧回撤、右腳踏平勁、左腳蹬地、手掌向前推按時，掌心氣球蓄勁兒，沉肘立腕，內氣從腳跟、腰際發出，掤內勁像掀箱子蓋一般。屈膝時膝蓋不過腳尖，內氣從湧泉提到腰、肩、肘、腕、掌。鬆氣下沉，肘勁向前方鬆沉，雙臂收於體側。

6. 身體右轉45°，重心左移，右腳提起向正西方向上半步，微屈膝，重心右移；同時，右手從右腹前掏出，掤至胸前，手心向內；左手由體側外按，手心向外；目視右手。（圖11、圖12）

【內功練法】

提腳時，胯勁後坐，向前踏出，整合內氣，隨後內氣沿中心垂直線移至兩腳間稍後處，與雙手掤按同時形成瞬

圖13

圖14

間湧勁，神、意、氣與外形
相合。

　　7. 身體後撤左轉45°，
左腳提起；同時，左手隨轉
身收到腹前，手心向內；右
手自然下落到腹前，隨轉身
向身體右側按塌勁；目視右
手。（圖13—圖15）

【內功練法】
　　身體後撤時用整體鬆沉
勁，提腳時胯勁後坐，雙手
均呈鬆散狀。

圖15

圖16

圖17

8. 身體後引，微左轉，左腳向正前方邁一步；同時，左手向斜下方穿出，向前掤，手心向裡；右手向左上再向右外按撐，掌心向外；然後雙手向內翻轉下落收於腹前，手心向上；目視前方。（圖16—圖18）

【內功練法】

右腳內勁後蹬，右手下按為採勁、左手挒勁，雙手

圖18

相對，內氣呼應，向外膨脹。隨後雙肩鬆沉，虛靈頂勁，神意內合。

圖19　　　　　　圖20

## （二）攬雀尾

113

1. 左腳內扣，重心移到左腿，身體右轉，右腳抬起向正西邁出一步，重心前移，右腿屈膝前弓，成右弓步；同時，隨身體轉動右手內旋經左前向右下摩膝向前掤起，左手內旋向左上、向前按出；目視前方。（圖19—圖21）

圖21

【內功練法】

身體、右腿、雙臂的內氣從腳心提起，形成整勁，同時向前踏掤起。右腳下落採勁，左腳落平勁。由腰間散開，雙肘內氣落於腰圈外沿。

圖22

圖23

114

2. 身體後坐，重心後移，然後身體前送，重心前移，成右弓步；同時，右手掌心向下捋至腹前，翻轉向上、向正西方擠出；左手掌心由上下探至腹前，向外翻轉合於右前臂向前送，與右手一起擠出；目視前方。（圖22—圖26）

【內功練法】

左腳踏平勁，身如海

圖24

浪湧出，又如退潮返回，沉腰坐胯，形成採勁。用胯帶動，尾閭下沉，後坐，右腳踏小彈簧勁，內氣引帶外形相

圖25

圖26

合。前湧速度與膝蓋前弓一致，上擠時用腰內勁，左手扶腕前推時內氣在手心鼓蕩，將內氣發至右前臂，給予助力，雙手回收為採勁，內氣直落兩腳間，如坐板凳一樣。

圖27

3. 身體後坐，重心後移，成右虛步，然後身體前送，重心前移，成右弓步；同時，雙手由小指引領向內翻轉，手心向下落至腹前，然後雙手腕外翻，指尖相對，經胸前向前掤出；目視前方。（圖27—圖29）

圖28　　　　　　　　圖29

【內功練法】

左腳踏平勁令身體如海浪湧出，又如退潮般返回，沉腰坐胯，形成採勁。

4. 身體後坐，重心後移，成右虛步，然後身體前送，重心前移，成右弓步；同時，雙手向下收落於腹前，外翻成塌掌，隨身體前移向前按出；目視前方。（圖30－圖32）

【內功練法】

用腰勁前頂。後採時用胯帶動，尾閭下沉、後坐，右腳踏小彈簧勁，內氣引帶外形相合，雙手向前遞送。

5. 動作與此式中的第3動完全相同。（圖33－圖35）

【內功練法】

身體前湧速度與膝蓋前弓一致，上擠時用腰內勁，左

圖30

圖31

圖32

圖33

手扶腕前推時內氣在手心鼓蕩，將內氣發至右前臂，給予助力，雙手回收為採勁，內氣直落兩腳間，如坐板凳一樣。

圖34

圖35

118

6. 身體左轉90°，雙腳隨之碾轉，重心移到右腿，左腳提起向右腳側收攏；同時，雙手隨身體轉動收於腹前，然後向兩側分開掀起，與肩平，雙手指尖相對而合，下沉於身體兩側，掌心向內；目視左前方。（圖36—圖39）

【內功練法】

用開勁帶動身體轉動，雙手合勁，意念向後引，雙手向前發出按勁。兩臂鬆展，垂肘鼓腕。左腳蹬地，鬆襠撐胯，腰勁下沉，肩背微後靠，隨後前湧，如掀箱蓋。隨後兩臂下沉內旋，鬆胯，腰部弓柄後凸，雙眼引帶雙手按勁向前上方催發。

圖36

圖37

119

圖38

圖39

圖40 圖41

## （三）單 鞭

1. 身體左轉45°，重心落於右腳，左腳向正東邁出一步，右腳跟步與左腳並立；同時，左手向正東指出，右手隨即向正東悠出，左手回收於右臂內側；目視右手。（圖40、圖41）

【內功練法】

身體前移時右前腳掌向後蹬地，重心不失中。邁左步、跟右步時，含胸拔背，內氣上引，右左手內氣相照，如抱氣球，左臂微內旋，如抖花槍之勢。

圖42

圖43

2. 兩腿自然伸直，身體直立微右轉，隨即右腿屈膝下蹲，左腳尖點地；同時，雙手相疊掌心向上收於胸前，然後向內翻轉，右手變勾向右前45°頂出；左手護於右腕上端；目視右手。（圖42－圖44）

【內功練法】

腰帶肘勁繞圈，如古人研墨一般，又稱「研墨肘」。雙臂前伸與肩頸之氣成牽引之勢。雙腳呈丁字步。

圖44

圖45　　　　　　　圖46

　　3. 左腳向前邁出一步，身體微左轉，重心前移，成左弓步；同時，右勾手由胸前逆時針向外伸拉；左手經下向前推出成立掌，手心向外，虎口張開；目光從虎口外視。（圖45、圖46）

【內功練法】

　　身體左轉時，腰為軸，氣為輪。圓襠鬆胯，尾閭下沉，如坐矮凳，與雙腿形成三足鼎立之勢。轉正東後，玉枕、夾脊、命門三關向上一繃，左掌、鼻尖、左腳尖在同一分隔號上，三尖相照。左掌側如刀刃砍出，發塌按內勁，右勾伸拉找對稱、平衡點，左右氣脈貫通。內氣下移，四梢俱伸，內氣從與丹田相對的氣海發出，向外舒散，如天上行雲一般。

圖47

圖48

## （四）提手上勢

1. 身體右轉，重心移到右腳，左腳尖內扣，重心再移到左腳，右腳尖外擺；同時，右勾變掌，雙掌隨身體轉動自然下落收於腹前，掌心向內，然後變拳由內向外經胸前向兩側分別展開；目視前方。（圖47－圖49）

123

圖49

【內功練法】

雙手展開用開勁兒，雙手鬆沉落於腰圈，向肩圈開展，不僅開手臂，而且還要開胸。胸內鬆空、舒展，防挺胸、仰頭。手臂內氣如擔扁擔一般，尾閭下沉。

圖50

圖51

2. 身體轉向正南，右腳收回經左腳內側向前邁半步，腳尖抬起，右腳跟蹬地；同時，雙手在胸前相對順體側下畫，右手向前上方弧形掤起，左手掌心向上順勢向下、向後採捋至腹前；目光前視。（圖50、圖51）

【內功練法】

雙臂向前掤擠，左腳跟蹬地時內氣下引，然後從腳跟返回腰間，右掌位於對方喉部。肩背鬆沉後倚，前後兩勁如抻皮筋同時向相反方向推進。整體如拉弓勁。

## （五）白鶴亮翅

1. 身體左轉，左腳外展；右腳收回經左腳內側向東南邁出半步，身體右轉，重心前移，成右弓步；同時，右手下捋收到腹前，左手向上翻轉搭於右前臂上，隨右手向東南穿出；目視右手。（圖52—圖54）

圖52

圖53

圖54

【內功練法】

　　內氣隨重心移動左擺右蕩，靠腰勁拉回。右手前穿時用掤勁，如將手掤進厚重東西下。

圖55

圖56

126

2. 身體左轉，左腳提起
經右腳內側向東北方邁出，
重心前移，成左半弓步；同
時，左手向外捋，右手隨轉
體向東北方穿出，左手收回
搭於右前臂上；目視右手。
（圖55—圖57）

【內功練法】

內氣隨身體轉動周身彌
漫，右腳輕浮於地面，左腳
由胯勁提起。右手捋勁集中
於掌中勁點。

圖57

圖58　　　　　　　　圖59

3. 身體後坐，左腳向後回收半步，成左虛步；同時，右手下採至胯側，折返右靠向頭頂右上方撩起；左手下採至左胯側；目視前方。（圖58、圖59）

【內功練法】

左腳尖收回點地從虛到實。左採、右靠同時發勁，內氣由胯至腰，至肩，沿右臂內側上挑，同飛鳥張開羽翼，左右臂上下對稱，使身體保持平衡，雙臂配合助氣。


# （六）左摟膝拗步

1. 身體右轉，左虛腳落實，兩腿屈膝半蹲；同時，右手下採至腹前，掌心向內，隨即弧形向東南掤出；左手向上收提，護於右前臂側，隨之掤出；目視右手。（圖60、圖61）

圖60　　　　　　　　　圖61

【內功練法】

　　腰內勁催動身體右掤，左腳平踏勁，左手內氣壓進右臂內，使內氣沿右臂延伸至右食指。


　　2. 身體左轉，重心落於右腿；左腳提起向正東邁出一步，重心前移，左腿前弓，成左弓步；同時，左手隨轉體向左側弧形摟採，經左膝外至左胯側，掌心向下；右手下採上提經耳側弧形向前按塌；目視左前方。（圖62─圖65）


【內功練法】

　　上身內斂，內氣下沉，隨左手摟採右手發掤按內勁，平送腰胯，腰胯如坐小船中，內氣從右腳心平踏、上引，隨右臂下採，上提至耳側，在悠蕩中找重力、找平衡。

圖62

圖63

圖64

圖65

圖66              圖67

## （七）手揮琵琶

1. 身體微右轉，重心後移；左腳收回，以腳尖著地；同時，右手下探至腹前，左手收於腹前，雙掌掌心向內，隨即變拳向兩側弧形翻出；目視東南。（圖66、圖67）

【內功練法】

雙手鬆沉落於腰圈向肩圈開展，不僅雙手展開用勁開手臂，而且還要開胸。胸內鬆空、舒展，防挺胸、仰頭，手臂內氣如擔扁擔一般，尾閭下沉。

2. 身體微左轉，左腳向前邁半步，腳跟著地；同時，雙拳內扣於腹前，隨即左手向正東按塌，右手弧形內抄，隨左手前按雙掌心相對，如捧琵琶；目視前方。（圖68、圖69）

圖68　　　　　　　圖69

【內功練法】

　　內氣從相對的掌心回抽，從肩、背、腰、胯直落腳心，隨右腳踏平勁上引，經腰、背後倚，分兩股勁，如抻皮筋，一頭在手，一頭在腰。內氣舒緩、細長，綿綿不斷。

## （八）左摟膝拗步

　　動作及內功練法與（六）左摟膝拗步相同，參見圖60—圖65。

## （九）右摟膝拗步

　　動作及內功練法與（六）左摟膝拗步相同，唯左右相反。（圖70—圖75）

圖70

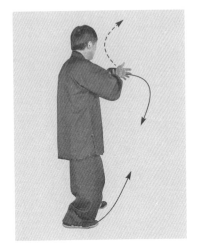

圖71

圖72

圖73

圖74

圖75

## （十）左摟膝拗步

動作及內功練法與（六）左摟膝拗步相同，參見圖
60—圖65。

## （十一）手揮琵琶

動作及內功練法與（七）手揮琵琶相同，參見圖66—
圖69。

## （十二）左摟膝拗步

動作及內功練法與（六）左摟膝拗步相同，參見圖
60—圖65。

圖76                圖77

## （十三）進步搬攔捶

1.身體重心後移，右腳提起向前邁一步；同時，右手向上畫弧，隨即變拳收至腹前，左手護於右前臂，右拳經胸向後、向上、向前弧形撇出，隨即向內翻轉順勢向前打出；重心前移，右腿屈膝前弓；目視前方。（圖76－圖80）

【內功練法】

內氣從左腳踏平步發出，經胯、腰、肩、拳發出，目光隨右拳運行。

2.身體重心後移，右腳提起向外擺步，左腳向前邁一步，身體右轉；同時，右拳向左從胸前搯出外翻，拳心向上；左手從左向右弧形前畫，掌心向下，然後雙手向內翻

圖78

圖79

圖80

圖81

轉向前上挪出，左掌心向內護於右拳左側；重心前移，左
腿屈膝前弓；目視前方。（圖81—圖85）

圖82

圖83

圖84

圖85

【內功練法】

內氣隨身體前移、後撤前後悠蕩，沉腰坐胯，左手用

圖86

圖87

掤勁，隨後翻轉用掤勁，內氣下沉再上引，兩臂內氣相
通，向外擴散。

3. 身體微後坐；同時，右拳下落收於右腹側，隨身體
前移向前打出；左手內翻下落，護於右前臂內側；目光前
視。（圖86、圖87）

【內功練法】

內氣整合，使內勁從腰背經雙臂同時發出，抻皮筋般
雙向運行，拳與腳面相對。

## （十四）如封似閉

身體後坐，然後平送向前，左腿屈膝前弓，成左弓
步；同時，右拳變掌，雙手交叉，右臂在上回撤至腹前兩
側，掌心均向上；隨即雙手內翻隨身體前移弧形上抄，向
前上方按出，高與肩平；目視前方。（圖88—圖91）

圖88

圖89

圖90

圖91

## 【內功練法】

雙手後拉時用採挒勁，內氣沉至胸椎，微前頂，隨後下沉至湧泉。上推時將氣用踏平勁從胯、腰、背、肩、腕

圖92

圖93

提至中指發出，用擠按勁，兩手如關上兩扇虛設的大門。腰內勁如弓柄後拉。

# （十五）十字手

1. 身體右轉，重心先右移，右腳內扣，重心再移至左腿，左手回收至胸前，右手從腹前下沉至胯前；右腳回收半步；同時，左手從胸前向左弧形下採，掌心向下，右腳向右平移半步，重

圖94

139

心移至右腿，右手隨右腳移動順時針畫弧經腹前、胸前上抄向右下方採按；目視右手。（圖92—圖96）

圖95

圖96

【內功練法】

腰內勁帶動左臂運轉，在弧形運動中，先用挒勁，採勁，在左胯變為按勁。

2. 左腳向左邁一步，成馬步下蹲，然後重心移到左腿，左腳內扣，右腳外撇，成右虛步；同時，雙手下落向內上抄，十字重疊於胸前，右手在外掌心皆向內；隨即左手內旋前穿，成立塌掌；右手微外旋下落至胸前，成按塌掌；目視左手上方。（圖97—圖100）

【內功練法】

身體下蹲時，頭頂勁仍領起，不能彎腰塌背，尾閭下沉，雙腳輕靈「吻」地。雙手上抄時，兩臂內含掤勁，兩腕鬆開。

圖97

圖98

圖99

圖100

圖 101　　　　　　　　　圖 102

## 第二段

### （十六）抱虎歸山

1. 身體右轉，右腿屈膝提起，右腳向西北方邁出一步，左腳隨之內扣，重心前移，成右弓步；同時，左手經左上方弧形下捋，掌心翻轉向上；右手經腹前內抄翻轉向前按出，掌心向下，兩掌心相對，環形相抱；目視右前方。（圖101—圖104）

【內功練法】

內氣隨身體右轉下沉，再返回雙臂，如環抱一人腰部，向右橫移。腿抬起來後，懷裡虛空，肩背內氣後倚，從外向裡轉腰，左腳踏平勁，雙臂用捋內勁。

圖103

圖104

圖105

圖106

　　2. 身體重心後移，再前送，成右弓步；同時，右手向外翻回收至腹前，再經胸前向前擠出；左手弧形內翻合於右臂內關，隨右手前擠；目視前方。（圖105－圖108）

圖107                                    圖108

【內功練法】

內氣隨兩臂回領，向尾閭沉注，從胯連到右臂，整體向前發掤按勁。

3. 身體重心後移，再前送，成右弓步；同時，左手外翻，雙手下採至胯兩側，向內翻轉，掌心向下，然後向前方按出；目視前方。（圖109－圖114）

【內功練法】

身體旋動時，鬆開腰、肩部內氣沉至左腳，右手為挒勁，左手為採勁，內氣形成螺旋，雙手回收含有採勁，內氣相合。

圖109

圖110

圖111

圖112

圖113

圖114

146

圖115

圖116

　　4.身體重心後移，再前送，成右弓步；同時，雙手外翻，掌心向上，指尖相對，下捋至腹前，隨即弧形向上、向前掤起。（圖115、圖116）

圖117

圖118

【內功練法】

內氣從腳心提起形成整勁，右腿、雙臂與身體同時向前踏出用掤勁。右腳落地呈踩勁，左腳踏平勁。內氣由腰間散開，雙肘內氣沉落於腰圈外沿。

圖119

5. 身體重心後移，右腳內扣，左腳回收半步，面向西南；同時，雙手自然下落經腹前向上弧形托起，掌心向上，在與肩平時翻轉向下，指尖相對、下按，收於兩胯側，掌心向內；目視前方。（圖117—圖119）

圖120

圖121

【內功練法】

左腳踏平勁令身體如海浪湧出，又如退潮般返回，沉腰坐胯，形成踩勁。

## （十七）肘底捶

1. 身體左轉，右腳內扣，左腿屈膝提起，左腳向東南邁出一步，重心前移，成左弓步；同時，左手上抬下採，右手向東南探出，然後雙手掌心朝內收回經腹前、胸前弧形向前掤採；目視雙手。（圖120－圖123）

圖122

圖123

圖124

【內功練法】

此動為斜單鞭，其內氣走向與單鞭相同。

2. 身體右轉，重心後移，右腳外展，左腳內扣，成馬步；同時，雙手隨轉身平移至西南，掌心翻轉向下，向西南上方按出；目視前方。（圖124－圖126）

圖125

149

【內功練法】

馬步下蹲時，內氣直沉尾閭，如有支架撐住身體，又稱三條腿。

圖126　　　　　　　　圖127

3. 身體左轉，右腳內扣，左腳收回，再向正東邁出，腳跟著地；同時，左手隨轉身向左捋至正東，弧形下採經腹前、胸前向前劈出，掌心向右；右手隨轉體下落經腹前變拳弧形向前撇出，當左手劈出時回收至左肘下，拳心向內；目視前方。（圖127—圖131）

【內功練法】

此動右腳在左腳後面，也稱偷半步。面對西南斜角，身體、手勢如挑花槍般雙手收回腹前，兩肘從腰際蓄內勁，靠腰勁帶動，用拉弓勁，劈出手為弓弦，腰為弓柄。

圖128

圖129

圖130

圖131

圖132　　　　　　　　圖133

## （十八）倒攆猴

1. 身體重心前移，左腳落實，成左弓步；同時，左手弧形內收經腹前、胸前向前穿出；右手變掌，弧形後捋，從右側外翻向右耳外側上方塌出，掌心向外；目視左前方。（圖132）

【內功練法】

左腳踏平勁，內氣從腳、踝、腿、腰上升，從前臂發出。右掌使用拍的內勁，左掌使用切的內勁。

2. 身體重心後移，左腳回收與右腳並立，腳尖著地；同時，左手向內弧形抄起，右手從外側向內翻轉，雙手經腹側向上十字合於胸前，左手在外；目光平視前方。（圖133）

【內功練法】

重心後移時主要用腰勁向後頂，左腳回收保持平衡。

圖 134

圖 135

左手採按勁，右手捋勁，雙
手合十有外撐之意。

　　3. 身體重心後移，再向
前平送，左腳向左後方撤一
步；同時，雙掌變拳隨身體
後移向左右兩側後擺，右拳
弧形從下向上、向前擺出，
拳心向內；左拳弧形上抄，
收於腹前，拳心向上；目視
前手。（圖134—圖136）

【內功練法】

　　身體向前悠，內氣貫於

圖 136

雙臂，雙臂鬆沉與腿內勁配合使雙拳同時外旋打出，右拳
在前上方，內氣運行至手臂，要有上向下砸的內勁，左拳

| 圖137 | 圖138 |

在右拳後下方，拳心托氣，向下、向後採捋內勁，內氣從右腳踏出。

4. 身體重心後移，再向前平送；同時，右拳變掌向內弧形收回，由腹前向前平穿，掌心向下；左拳變掌隨身體移動後擺、前送收於腹前，掌心向上；目視前方。（圖137）

【內功練法】

右腳踏出內勁，從雙臂發出，雙肘內勁向後頂出、向兩側旋開。

5. 身體重心後移，再向前平送；同時，右手弧形向後內收於腹前，經胸前向前穿出；左手弧形內旋向左耳外側上方塌出，掌心向外；目視前方。（圖138、圖139）

圖 139

圖 140

圖 141

圖 142

　　6. 可重複多次倒攆猴，動作與本式中的第2～5動完全相同。（圖140—圖146）

圖143

圖144

圖145

圖146

圖147

圖148

# （十九）斜飛勢

　　身體右轉；右腳內扣，右腳提起隨轉身向正南方邁出一步；身體前傾，左腳帶離地面；同時，右手外旋向左下經腹前隨轉身弧形向正南上方捌出，掌尖朝前；掌心朝上；左手內旋弧形向下至左胯側按落於斜下方，掌心朝下；目視前方。（圖147—圖150）

【內功練法】

　　上體與左腿朝兩個方向伸盡，身體如騰飛起來，保持整體對稱平衡。兩手同時向相反方向引氣，形成抻皮筋的勁。

圖 149

圖 150

158

## （二十）提手上勢

1. 左腳下落於右腳後，重心移至左腿，身體微向右轉；同時，雙臂內旋，雙手空拳隨身體轉動自然下落收於腹前，拳心向內，隨即由內向外經胸前向兩側分別展開；目視前方。（圖151—圖153）

圖 151

【內功練法】

與（四）提手上勢1.相同。

圖152

圖153

2.身體轉向正南，右腳收回經左腳內側向前邁半步，腳尖抬起，右腳跟蹬地，成右虛步；同時，雙拳變掌向裡在胸前相對隨體側下畫，右手向前上方弧形掤起，左掌心向上順勢向下、向後採捋至腹前；目視正前方。（圖154—圖156）

圖154

【內功練法】

與（四）提手上勢中的第2動相同。

圖155                        圖156

## （二十一）白鶴亮翅

動作及內功練法與（五）白鶴亮翅相同，參見圖52—圖59。

## （二十二）左摟膝拗步

動作及內功練法與（六）左摟膝拗步相同，參見圖60—圖65。

## （二十三）海底針

1. 身體前移；右腳上一步與左腳並立；同時，左手搭於右臂橈骨；右手弧形回收於胸前；目視右手。（圖157、圖158）

圖157

圖158

【內功練法】

右手回收用提勁，同時沉肩垂肘屈臂，略帶纏絲勁。

2. 身體下坐，稍向前送，同時，右手弧形從上向下直插，左手隨右手前送；目視前下方。（圖159）

【內功練法】

圖159

右手下插至膝前，內勁回收，內氣由勁源向兩臂擴散，再隨手勢向前下猛發彈簧勁。

圖160 圖161

## （二十四）扇通背

身體直立前送，左腳向前邁一步，左腿屈膝前弓，成左弓步；同時，雙手回收，捧於腹前，掌心朝上；右手隨上步向外弧形翻起，在頭右上方撐托，掌心朝上，左手內翻，弧形向前搠按，成立掌，掌心朝前；目視左前方。（圖160、圖161）

【內功練法】

內氣收到腰胯，向雙臂升起，尾閭下垂如坐在三角凳上，靠坐勁頂起腰勁，催發雙臂內勁。

圖162

圖163

# （二十五）撇身捶

1. 身體重心後移右轉，左腳內扣，右腳外展，成馬步；同時，右手隨轉體向右弧形下落，然後變拳收於胸前，拳心朝下；左手內翻，弧形向下，從左向右經腹前上穿，立掌於面前；目光平視。（圖162、圖163）

【內功練法】

內氣從左腳踏平勁發起，經胯、腰、肩從右拳發出，目光隨右拳運行。

2. 身體重心左移，身體右轉；右腳抬起向正西邁出一步，成右虛步；同時，右拳從左及右由下向上翻起，朝正西撇出，拳心朝上；左手隨即下落於右臂內關，掌心朝下。目視前方。（圖164、圖165）

圖164 圖165

【內功練法】

內氣經兩肘通至勁源，由兩臂向前通出，右拳含捋勁，左手含掤勁，背勁後倚，發肘靠勁，使拳與背形成拉抻之勢。

## （二十六）進步搬攔捶

動作及內功練法與（十三）進步搬攔捶相同，唯動作方向相反，此動向西，參見圖76—圖87。

## （二十七）上步攬雀尾

1. 身體左轉，左腳收回經右腳內側向前落實，身體重心前移至左腿，右腿屈膝向前上方提起；同時，右拳變掌

圖166

圖167

經左肩側，下落搭於右膝外；左手下落經腹前向左平行外撐，立掌，掌心朝外；目視前方。（圖166、圖167）

165

【內功練法】

左手平帶時用捌勁。

2. 動作及內功練法與（二）攬雀尾中的第2～6動相同，參見圖21—圖39。

## （二十八）單　鞭

動作及內功練法與（三）單鞭相同，參見圖40—圖46。

圖168　　　　　　　　　　圖169

# 第三段

## （二十九）雲手（三合三開）

1. 身體左轉；右腳向左腳收攏；同時，左手自然下落，掌心朝下；右勾手變掌向左手指尖外側弧形下穿，掌心朝左手指尖；目視右手。（圖168、圖169）

【內功練法】

尾閭下沉，右掌先牽勁，後用切勁，小指如刀刃，下挫似切菜，右手中指尖向外脹氣，能延長多少就延長多少。右手下牽時需左手含氣配合。

2. 身體右轉，右腳向右開步，成馬步；同時，右手隨轉體向右拉起，收於胸前，掌心朝內；左手向右收於腹

圖170

圖171

前，掌心朝上；目光平視前方。（圖170）

【內功練法】

　　身體轉動時，以腰為軸，鬆腹，鬆胯（孫老師形容身體一仰一俯為「不倒翁」的勁）。內勁從左腳湧泉穴踏出，由胯、腰、肩、臂甩出。兩掌合抱時，內氣蓄於雙掌如含氣球，左手與右手相呼應，保持蓄而不發之勢（汪永泉老師稱此姿勢為「龍口」，內勁如龍口含珠，只含不吐）。

　　3.身體右轉，重心移到左腿，右腳外展，成右虛步；同時，右手弧形從上朝下向西南撤出，掌心朝上；目視右手。（圖171）

【內功練法】

　　身體右轉回撤時，仍用「龍口」合勁。右手外旋翻掌時，掌心氣球不要掉，左手用切勁。

4. 身體重心移到右腿，成右弓步；同時，右手內翻，向西南按塌，掌心朝下；目視右手。（圖172）

【內功練法】

身體轉動時如「不倒翁」的勁，以腰為軸，鬆腹、鬆胯。內勁從右腳湧泉穴踏出，由胯、腰、肩、臂右手背甩出，兩掌心如含氣球，右手與左手相呼應，保持蓄而不發之勢。

圖172

5. 動作與本式的第1動相同，唯左右方向相反。（圖173、圖174）

【內功練法】

身體回撤時，仍用「龍口」合勁。左手翻掌時，掌心氣球不要掉。右手用切勁，一左一右為1次雲手，可根據需要做3次以上。

6. 動作及內功練法與本式的第2動相同，唯左右方向相反。（圖175）

7. 動作及內功練法與本式的第3動相同，唯左右方向相反。（圖176）

圖173

圖174

圖175

圖176

圖177　　　　　　　　圖178

8.動作及內功練法與本式的第4動相同，唯左右方向相反。（圖177）

9.重複本式第1～8動3遍，參見圖168－圖177。

## （三十）單　鞭

動作及內功練法與（三）單鞭相同，參見圖40－圖46。

## （三十一）高探馬

1.身體左轉，重心前移；右腳上半步落實，左腳稍向前腳跟抬起，成左虛步；同時，右勾手變拳弧形下落，經腹前直拳上沖，拳心朝內；左手變拳內翻弧形下落，收於腹前，拳心朝上；目視前方。（圖178－圖180）

圖179

圖180

【內功練法】

右腳踏平勁，右拳內氣從湧泉經腰、肩、臂貫至右手背，有向下砸的內勁。左拳內氣收回腰際，再貫於右拳外側，手臂用掤內勁。

2.身體重心不變，雙腿均保持不變；同時，右拳朝內翻轉，弧形下落，經胸到腹前變掌，弧形向前撩出，掌心朝外。（圖181）

圖181

【內功練法】

右臂展出時，開胸沉腰，沉肩墜肘，尾閭下沉。

圖182　　　　　　　　　圖183

## （三十二）右分腳

1. 身體右轉，左腳向左上步，重心前移，成左弓步；同時，右手向右側橫掃弧形下落，左拳變掌向左外側拉起，弧形內收下落，雙手在腹前相合後變拳向上、向兩側弧形外翻，拳心朝內，面向東南；目視東南方。（圖182、圖183）

【內功練法】

內氣經兩手食指尋找對稱、平衡，兩手與頭如山字形，為下一步定位。沉腰坐胯，重心下沉。

2. 身體左轉，重心前移，右腳抬起向左、向上、向右下弧形分掃；同時，雙拳變掌向內翻落，在胸前相合；隨

圖184

圖185

即右手向下再上弧形畫圓，
在頭頂右上方拍擊右腳；左
手弧形向左上方撩起，掌心
朝外；目視拍擊腳。（圖
184—圖186）

【內功練法】

　　內氣下沉，落於左腿，
兩臂含採挒內勁。左腳踏平
勁，提至腰胯引到右腿，至
腳面外側，右腿橫向擺出
時，用彈簧勁。抬腿時，兩
臂向外發掤按擠內勁。

圖186

圖187

## （三十三）左分腳

1. 右腳下落，身體重心移到右腿，上體左轉，成右弓步；同時，右手拍擊後繼續向左弧形下落，掌心朝裡；左手經胸前下落右手內側向外捌出，掌心朝下；目視左手。（圖187）

【內功練法】

內氣隨重心移動向胯間沉注，肩圈內氣充盈，左手含掤勁，右手含捌勁。

2. 身體重心先左移再右移，身體左轉；左腳抬起向右、向上、向左再下弧形分掃；同時，雙手在胸前十字相合，再分別弧形向兩邊上撐，左手與左腳合擊；目視左手。（圖188—圖190）

圖188

圖189

圖190

## 【內功練法】

隨身體復位，雙臂收回胸前，內氣下沉，落於右腿，

圖 191　　　　　　圖 192

兩臂含採挒內勁。右腳踏平勁,提至腰胯,引到左腿,至腳面外側,左腿橫向擺出時,用彈簧勁。抬腿時,兩臂向外發掤按擠內勁。


## (三十四)轉身左蹬腳

身體轉向正西,分出的左腳內收,然後朝正西蹬出去,腳掌心朝西;同時,雙手自然下落,合於胸前,再分別弧形向兩邊上撐,兩掌心朝外;目視正西。(圖191、圖192)


【內功練法】

內氣分兩路運行,一路朝上,充盈肩、臂,一路朝下,沉於右腿。

圖 193

圖 194

## （三十五）左摟膝拗步

左腳下落，身體重心前移，左腿屈膝前弓，成左弓步；同時，左手順勢從左膝外側弧形下摟；右手順右耳外側向前按塌，掌心朝下；目視前方。（圖193、圖194）

### 【內功練法】

上身內斂，內氣隨右臂回收上提至肩，隨即沉至腹部，隨右臂發出時發掤按內勁。

## （三十六）右摟膝拗步

動作及內功練法與（九）右摟膝拗步相同，唯方向相反，參見圖70—圖75。

圖195

圖196

## （三十七）進步栽捶

1. 身體重心前送，身體右轉；左腳向前邁一步，成左虛步；同時，左手向外、向下弧形上移，掌心翻轉朝下，搭於右臂內關；右手由下而上掤起，向西北穿出，然後掌心翻轉朝下；目視西北方。（圖195、圖196）

【內功練法】

腰內勁催動身體右掤，左手內氣壓進右腕助力，右腳踏平勁，內氣沿右臂延伸至右食指。

2. 左腳向前邁半步，重心前移，身體左轉，左腿屈膝前弓，成左弓步；同時，右手上提至右耳旁變拳向西弧形下栽，拳心朝內；左手下落護於右前臂內側；目視右拳。

圖197　　　　　　　　　圖198

（圖197、圖198）

## 【內功練法】

內氣隨左腳下落沉注尾閭，再隨右拳出擊，從腰、肩、臂上行、下栽，腰內勁後頂，孫老師常說：「栽捶不是插捶，把捶扔出去才叫栽。」

## （三十八）翻身撇身捶

動作及內功練法與（二十五）撇身捶相同，唯動作方向相反，此動向東，參見圖162—圖165。

## （三十九）進步搬攔捶

動作及內功練法與（十三）進步搬攔捶相同，參見圖76—圖87。

圖199　　　　　　　　圖200

## （四十）小七星捶

1. 身體重心後移；左腳收回半步，腳尖著地；同時；左手前劈，掌心朝右；右拳拉回於胸前，護於左臂下方，拳心朝下；目視前方。（圖199）

【內功練法】

身體扯著雙臂向後帶，內氣隨身體後撤貼脊背向後頂，用靠勁。

2. 左腳向前一步，身體前送，右腳跟隨並立；同時，右拳向前打出，拳跟朝上；左手順勢護於右臂上方，掌心朝下；目視前方。（圖200）

【內功練法】

內氣隨進步在胯際悠蕩，不能前撲後仰，左手發出擠

圖201　　　　　　　　圖202

按勁，右臂發出肘內勁，手臂向前發勁時，肩背內勁後頂。

## （四十一）右蹬腳

身體右轉；右腳抬起向東南上方蹬出；同時，右拳變掌向下弧形內收，經腹前、胸前向東南撐起；左手弧形外翻，向上撐起；目視東南。（圖201、圖202）

【內功練法】

內氣引至雙臂，向外掤出，含胸拔背，雙臂與左腿保持十字平衡。

## （四十二）左打虎勢

1. 右腳下落，身體重心前移，右腿屈膝半蹲，左腳收提至右腳內側；同時，右手弧形向腹部內收，經胸前向前上方捋送，掌心朝下；左手經頭頂上方弧形向右下探，繞

圖203　　　　　　　　圖204

右手收於腹前，掌心朝下；目視右手。（圖203、圖204）

【內功練法】

手如托一龐然大物，尾閭向下紮根，內氣貫穿兩臂，腰椎微凸。

2. 身體左轉，重心前移；右腳內扣；左腳向東北邁出一步，左腿屈膝前弓，成左弓步；同時，左手向左、向上、向東北方弧形捌起，掌心朝上；右手翻轉掌心朝上，經腹前向東北弧形平捋；目光關照雙手。（圖205）

【內功練法】

背部內氣下沉，內勁由勁源貫於兩臂，經雙手通出掤捋勁。

圖205　　　　　　　　　　圖206

3. 身體重心後移，再前送成左弓步；同時，左手向內
回收於腹前，變拳弧形向上翻擊，位於左額前方，拳眼朝
下；右手向內回收於腹前變拳弧形與左手合擊，位於胸前
方，拳眼朝下；目視前方。（圖206）

【內功練法】

重心下沉，腰胯帶動雙臂對擊，發肘靠內勁，兩拳如
對擊一龐然大物。

## （四十三）右打虎勢

1. 重心左移，右腳提起經左腳內側向東南隅位邁一
步，重心再右移，右腿屈膝前弓，左腿斜後蹬，成右弓
步；同時，兩拳下落至腹前，右手向上翻轉變平掌托至腹
側，左手變掌逆時針在胸前畫弧，沉落至左腹側；隨右腳

圖207

圖208

圖209

前邁雙手向右前方弧形捌起，右掌心朝裡，左掌心朝外；
目視東南方向。（圖207－圖209）

| 圖210 | 圖211 |

【內功練法】

同左打虎勢的第1、2動。

2. 身體重心後移，再前送成右弓步；同時，兩肘屈收，兩掌外旋收至腹前變拳，兩臂內旋，兩拳朝面前想像物同時發勁對擊，右拳位於額前，拳心朝外，左拳位於胸前，兩拳上下相對；目視前方。（圖210、圖211）

【內功練法】

同左打虎勢的第3動。

## （四十四）右蹬腳

動作及內功練法與（四十一）右蹬腳相同，參見圖201、圖202。

圖212　　　　　　　　圖213

## （四十五）雙風貫耳

1. 右腳向前下落，重心落於左腿上；同時，雙掌向裡、向下變拳蓄於腰兩側，拳心朝上，隨即雙手臂內旋，兩肘微屈。（圖212、圖213）

【內功練法】

內氣貼背下落，沿尾閭下沉，雙臂用採勁在腰側畫弧向內旋轉。

2. 身體前衝，漸直立，右腿前弓，重心前移；同時，兩臂從腰側畫弧向上對沖，兩拳眼左右相對；目視前方。（圖214）

【內功練法】

身體前衝、重心前移時保持中立，兩臂用掤勁對沖，

圖214

圖215

高度位於兩耳處,沉腰坐胯。

187

## （四十六）左蹬腳

1. 右腿微屈,重心右移;同時,兩臂外旋下落,雙手收攏,在腹前變掌。（圖215）

【內功練法】

內氣從右腿下沉至湧泉,兩臂內氣外展,上下形成抻拉勁,腰胯內勁坐穩。

2. 左腿提起,膝與胯平時,小腿朝前彈出,腳尖上勾,腳後跟蹬出;右腳支撐穩固;同時,兩掌向左右兩側分展,左手高與肩平,與左腿上下相對,右手向上略高於頭;目視左手方向。（圖216、圖217）

圖216　　　　　　　　圖217

【內功練法】

肩部內氣下沉，左腳內氣從湧泉發出。

## （四十七）轉身右蹬腳

1. 左腳回落於右腳外側，腳尖點地，支撐重心，以右腳掌為軸，帶動身體右轉180°；同時，兩臂下落微屈，左手於右胸前立掌，右手於腹前，掌心朝上；目光回收。（圖218、圖219）

【內功練法】

內氣聚集於腰部，與右腳跟內氣相合，共同帶動身體旋轉。兩臂內氣沉於肘部，起對稱、平衡作用。

2. 左腿微屈，重心左移；右腿提起，膝與胯平時，小腿朝前彈出，腳尖上勾，腳後跟蹬出；同時，兩掌向左右

圖218

圖219

圖220

圖221

兩側分展，右手高與肩平，與右腿上下相對，左手向上略
高於頭；目視右手方向。（圖220、圖221）

【內功練法】

內氣從左腿下沉至湧泉，兩臂內氣外展，上下形成抻拉勁，腰胯內勁坐穩。隨即肩部內氣下沉，右腳內氣從湧泉發出。

## （四十八）進步搬攔捶

右腳向右側落地，兩手向下、向裡於胸前，掌心朝下；其他動作及內功練法與（十三）進步搬攔捶相同，參見圖76—圖87。

## （四十九）如封似閉

動作及內功練法與（十四）如封似閉相同，參見圖88—圖91。

## （五十）十字手

動作及內功練法與（十五）十字手相同，參見圖91—圖100。

## 第四段

## （五十一）抱虎歸山

動作及內功練法與（十六）抱虎歸山相同，參見圖101—圖119。

## （五十二）斜單鞭

1.右腳微扣，身體左轉45°，重心落於右腿，左腳後跟

圖222

圖223

離地前移半步，右腳向正東
邁步，面向東南隅位；同
時，左手從腰間甩出，指尖
朝前；右手從左手下方穿
出，雙手抬起回收，將雙手
引帶回胸前，右手畫立圓俯
於左掌之上。（圖222—圖
224）

圖224

191

【內功練法】

　　身體前湧時，右前腳掌
向後蹬地，重心不失中。雙
手抬起回收時左右手內氣相照，左臂微內旋，如抖花槍之
勢。含胸拔背，內氣上引。

圖225　　　　　　　　　圖226

2. 身體直立微左轉，兩腳併攏，雙手逆時針畫半圓，由胸前向右前方伸展，手形不變；隨即左腳向前踏出一小步，右腳跟上，重心移至右腿，左腳虛點地；同時，左手扶於右手腕橈骨側，右手五指虛攏成勾手，勾尖朝下。（圖225、圖226）

【內功練法】

腰帶動肘勁繞圓，如古人研墨一般，又稱「研墨肘」。雙臂向右前伸要與肩頸之氣成牽引之勢。雙腳呈丁字併步。

3. 提左腳向前邁一步，左腿屈膝前弓，右腳踏平勁，成左弓步；同時，左手平掌經右腹部向左平帶，左肘尖內旋，左手成立掌，隨即重心略向後移，手心朝外，虎口張

圖227

開，向前推出；右手形不變；目從虎口處外視。（圖227）

【內功練法】

身體左轉時，腰為軸，氣為輪。轉停後三關（命門、夾脊、玉枕）上下一挪，左掌、鼻尖、左腳尖三尖相照。左手發塌按內勁，右手找對稱，平衡點，左右臂氣脈貫通。內氣下移，圓襠撐胯，尾閭下沉，如坐矮凳，與雙腿形成三足鼎立之勢。四梢俱伸，內氣從與丹田相對的氣海發出，向外擴散，如天上行雲一般。

## （五十三）野馬分鬃

1.身體右轉，左腳尖內扣，右腳收回經左腳內側向前（西）邁步，右腿屈膝前弓；同時，右掌經胸前向左腰側穿伸，左掌上引，掌心朝外，護於右面部；然後，右手向上，左手向下，掌心相對，挪於胸前，隨即雙臂外旋下沉

圖228

圖229

圖230

圖231

至腰側再內旋翻掌，隨重心前移向前、向上推起，掌心朝
外；目視前方。（圖228－圖232）

圖232　　　　　　　　　　圖233

【內功練法】

　　腰帶動內氣後引，用採勁。上推時，腰勁帶動前臂，左腳蹬勁，左右掌交錯穿伸、上引時，肩臂內氣雙向運動，如抻皮筋的勁。雙掌下沉時，內氣從手接回，從肩背下行，向前上發掤擠內勁，由中指通出。

　　2. 上體左轉，雙掌平抬，掌心朝下，隨轉體向左側平擺甩出，右手提起，掌心朝外，護於左耳旁；身體右轉，帶動左掌經胸前向右腰側穿插；同時，左腳向前（西）邁一步，左腿屈膝前弓；左手向上，右手向下，掌心相對，掤於胸前，隨即雙臂外旋下沉至腰側再內旋翻掌，向前上方推出，掌心朝外；目視前方。（圖233—圖238）

圖234

圖235

圖236

圖237

【內功練法】

隨腰內勁產生的離心力帶動兩臂內氣擴散，平面掃

出，如揮動旗幟，又如撥浪
鼓的擺勁、甩勁，雙臂本身
不用力。左掌下穿帶有砍
勁。腰胯回引，兩掌前推
時，腹內氣宜鼓蕩，帶動前
臂發掤擠內勁，由中指通
出。

3. 與第1動完全相同，
參見圖228─圖232。

4. 與第2動完全相同，
參見圖233─圖238。

圖238

## （五十四）上步攬雀尾

1. 動作與（二十七）上步攬雀尾的第1動相同，參見
圖166、圖167。

2. 動作與（二）攬雀尾中的第2～6動相同，參見圖
21─圖39。

【內功練法】

與（二）攬雀尾相同。

## （五十五）單　鞭

動作及內功練法與（三）單鞭相同，參見圖40─圖46。

## （五十六）玉女穿梭

1. 左腳尖內扣，身體右轉，右腳跟外旋踏平，重心移
至右腳，左腳提起至右腳內側，腳尖點地；同時，右臂向

圖239

圖240

198

右畫弧經腹朝前伸展，右
掌心朝上；左掌下落向裡
畫弧護住心口，掌心朝
內；目光內斂。（圖239—
圖241）

【內功練法】

用腰胯內勁帶動身體旋
轉，右手用採捌內勁，左手
用掤內勁。

圖241

2.左腳向西南隅位上一
步；右手拉至腹前翻掌，
掌心朝內，左手隨前臂內旋上托，護於額前，掌心朝斜上
方，右手順時針畫弧從右胸前向前推出，掌心朝外；同

圖242

圖243

時，重心前移，左腿屈膝前
弓，成左弓步；目視西南方
向。（圖242—圖244）

【內功練法】

　　兩臂內氣同時向外翻卷
發出。腰胯內氣先向後頂，
再向前胯鼓蕩。左臂含採挒
勁，右臂含掤擠勁。

　　3. 左腳內扣，身體右
轉，面向東北隅位，重心移
至左腿，右腳提起至左腳內

圖244

側，腳尖點地；隨即右腳向東南隅位上一步，身體繼續右
轉，右腿屈膝前弓，成右弓步；同時，兩臂外旋向內畫

圖245

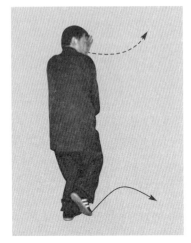

圖246

圖247

圖248

弧，左手下落收於腹前，右手經腹前向前伸出，掌心朝
上；目視前方。（圖245─圖248）

圖249　　　　　　　　　圖250

【內功練法】

身體旋轉時，內氣上浮，隨右腳踏實，兩臂內氣隨外形擴散、內斂，沉落於尾閭。

4. 重心後移，雙手收於腹前，掌心朝上；隨即右手隨前臂內旋，護於額前，掌心斜朝上，左手順時針畫弧從左胸前向前推出，掌心朝外；同時，重心前移，右腿屈膝前弓，成右弓步；目視東南方向。（圖249、圖250）

【內功練法】

兩臂內氣同時向外翻捲、發出。腰胯內氣先向後頂，再向前胯鼓蕩。右臂含採捋勁，左臂含掤擠勁。

5. 重心左移，身體左轉，右腳收於左腳內側踏平，重心移向右腿，面向東北隅位；左腳跟提起，腳尖點地；同

圖251

圖252

202

時，雙臂外旋向下、向內畫
弧，收於胸前，右手在上，
左手在下，掌心均朝上；目
光內斂。（圖251—圖253）

【內功練法】

身體內氣收於腹內丹田
處，兩臂內氣隨外形擴散、
內斂，蓄勢待發。

6. 左腳向東北隅位上一
步，右手收於腹前，左手向
前伸出，掌心朝上；隨即重

圖253

心後移，雙手收於腹前，掌心朝上；左手隨前臂內旋，護
於額前，掌心斜朝上，右手順時針畫弧，從右胸前向前推

圖254

圖255

出，掌心朝外；同時，重心前移，左腿屈膝前弓，成左弓步；目視東北方向。（圖254—圖256）

【內功練法】

與第2動相同。

7. 左腳內扣，右腳提起至左腳內側，腳尖點地，身體隨之右後轉，面朝西南隅位；同時，雙臂外旋，左手微向上伸，隨即向下、向內

圖256

畫弧，收於胸前，右手下落向左、向內畫弧經腹前，收於胸前，兩掌心朝上；隨即右腳向西北隅位上一步，右腿屈

圖257

圖258

204

膝前弓,成右弓步;左手翻
轉下壓於右前臂上,掌心朝
下,右手向前伸出,掌心朝
上;目視前方。(圖257—
圖259)

【內功練法】

身體旋轉時,內氣上
浮。定位後,內氣下沉。

8.重心後移,雙手收於
腹前,右手隨前臂內旋,護

圖259

於額前,掌心斜朝上,左手順時針畫弧,從左胸前推出,
掌心朝外;同時,重心前移,右腿屈膝前弓,成右弓步;

圖260

圖261

目視西北方向。（圖260、圖261）

　【內功練法】與第4動相同。

## （五十七）上步攬雀尾

　1. 動作與（二十七）上步攬雀尾中的第1動相同，參見圖166、圖167。

　3. 動作與（二）攬雀尾中的第2～6動相同，參見圖21—圖39。

　【內功練法】與（二）攬雀尾相同。

## （五十八）單　鞭

　動作及內功練法與（三）單鞭相同，參見圖40—圖46。

## 第五段

## （五十九）雲手（兩合兩開）

動作及內功練法與（二十九）雲手相同，參見圖168—圖177。

## （六十）單鞭下勢

1. 動作及內功練法與（三）單鞭相同，參見圖40—圖46。

2. 身體右轉，右腳尖微向右撇，重心移至右腳，右腿屈膝下蹲，左腿伸直，左腳內扣，左腳內側蹬地，成左仆步，身體前搓，隨下沉勢稍前俯；同時，右手指虛攏，成右勾手吊於右肩外側；左手順時針畫弧，經右肩前向下穿伸，於襠前翻腕前挑，指尖朝前；目視左下方。（圖262、圖263）

【內功練法】

身體內氣下墜，左腳蹬出內勁，保持身體平衡。右臂通出採挒內勁、肘靠勁，左臂先用挒勁，後用掤勁。

## （六十一）左金雞獨立

身體重心前移左轉，右腳蹬地，左腿屈膝前弓，支撐身體直立，右腿提膝上頂；同時，右勾手變掌從腰側向胸前上挑，指尖朝上；左手繼續上挑至胸高時，內旋翻掌下按，位於左胯側；目視前方。（圖264、圖265）

圖262

圖263

圖264

圖265

【內功練法】

　　左腳踏平勁，右腳內氣上升，帶動右膝上頂。尾閭下沉，肩背後倚。左手用採勁，右手發擠按勁。

圖266　　　　　　　　　圖267

## （六十二）右金雞獨立

右腳垂落，重心右移，左腿提膝上頂；同時，左手立掌從胯側上挑，位於面前；右手內旋下按，位於右胯側；目視前方。（圖266、圖267）

【內功練法】

右腳踏平勁，左腳內氣上升，左腳下落於左前方。帶動左膝上頂。尾閭下沉，肩背後倚。右手用採勁，手發擠按勁。

## （六十三）倒攆猴

1. 左腳下落後撤，重心後移，身體左轉；同時，右手變拳隨前臂外旋，向前上方打出，拳心朝裡；左手變拳，經胸前後撤至左腰側，拳心朝上；目視前方。（圖268）

圖268

2.其他動作及內功練法與（十八）倒攆猴相同，參見
圖136—圖146。

## （六十四）斜飛勢

動作及內功練法與（十九）斜飛勢相同，參見圖
147—圖150。

## （六十五）提手上勢

動作及內功練法與（二十）提手上勢相同，參見圖
151—圖156。

## （六十六）白鶴亮翅

動作及內功練法與（五）白鶴亮翅相同，參見圖52—
圖59。

## （六十七）左摟膝拗步

動作及內功練法與（六）左摟膝拗步相同，參見圖60—圖65。

## （六十八）海底針

動作及內功練法與（二十三）海底針相同，參見圖157—圖159。

## （六十九）扇通背

動作及內功練法與（二十四）扇通背相同，參見圖160、圖161。

## （七十）撇身捶

動作及內功練法與（二十五）撇身捶相同，參見圖162—圖165。

## （七十一）進步搬攔捶

動作及內功練法與（十三）進步搬攔捶相同，唯動作方向相反，此動向西，參見圖76—圖87。

## （七十二）上步攬雀尾

1. 動作與（二十七）上步攬雀尾中的第1動相同，參見圖166、圖167。

2. 動作與（二）攬雀尾中的第2～6動相同，參見圖21—圖39。

## （七十三）單　鞭

動作及內功練法與（三）單鞭相同，參見圖40—圖46。

## 第六段

## （七十四）雲手（三合三開）

動作及內功練法與（二十九）雲手相同，參見圖168—圖177。

## （七十五）單　鞭

動作及內功練法與（三）單鞭相同，參見圖40—圖46。

## （七十六）高探馬

動作及內功練法與（三十一）高探馬相同，參見圖178—圖181。

## （七十七）白蛇吐芯

左腳向前邁半步，重心前移，左腿屈膝前弓，成左弓步；同時，右手內旋翻掌，掌心朝下，從右胸前逆時針畫弧，經左掌下方收至左肋側；左掌心朝上，經右手背上方向前上方穿伸；目視左方。（圖269、圖270）

【內功練法】

內氣鬆沉回收兩臂，再從兩臂經雙手中指通出，腰內

圖269

圖270

勁帶動兩臂鬆展。腹內氣意鼓蕩，左臂用掤擠勁，右臂用採捌勁，形成抻拉的彈簧勁。

## （七十八）轉身單擺蓮

身體右轉，左腳尖內扣，左膝微屈，重心移至左腳；同時，左手向裡畫弧，雙臂於胸前交叉；隨即右腳收回經左腳內側向左、向上、向右畫弧擺出，雙臂畫弧伸向兩側，腳背平拍右手；目視右上方。（圖271－圖273）

【內功練法】

腰內勁帶動身體右轉，肩背內氣上頂、腰胯內氣下沉，重心落於左胯偏後處，左臂用掤擠內勁。注意保持身體平衡，內氣沉於左腿，右腿隨腰內氣帶動由左至右掄擺，向上畫半圓，右腳面去迎擊左手。

圖271

圖272

圖273

圖274

## （七十九）進步指襠捶

1. 右腳向右側下落，身體右轉，重心移至右腳，左腳尖內扣；同時，右手變拳，隨前臂外旋下落蓄於右胸前；左手逆時針經胸前環繞，沉於左腹前，手心朝上；目視右前方。（圖274）

【內功練法】

內氣由肩經背沉於尾閭，兩臂內氣鬆散，左手中指根向下發按勁。

2. 重心前移至右腳，身體微右轉，左腳提起收於右腳內側，腳尖點地，右手收至右腰側，左手背繞左膝內側平摟至左胯前；隨即左腳向西南隅位落步，左腿屈膝前弓，

圖275

圖276

成左弓步；同時，右拳從腰側向腹前伸臂打出，拳眼朝上；
左手回收，扶於右前臂上；目視前方。（圖275、圖276）

【內功練法】

　　向前出拳時，頸椎至腰椎仍保持直線，不可弓背、彎
頸。兩肘微屈，右臂內氣由肘部通出。

## （八十）上步攬雀尾

　　1. 動作與（二十七）上步攬雀尾中的第1動相同，參
見圖166、圖167。

　　2. 動作與（二）攬雀尾中的第2～6動相同，參見圖
21—圖39。

【內功練法】與（二）攬雀尾相同。

圖277 圖278

## （八十一）單鞭下勢

1. 動作及內功練法與（三）單鞭相同，參見圖40—圖46。

2. 動作及內功練法與（六十）單鞭下勢相同，參見圖262、圖263。

## （八十二）上步七星

1. 左腳尖外撇，身體微左轉，重心前移至左腳，左腿微屈；右腳抬起，收至左腳內側，腳尖點地；同時，右勾變拳，右前臂內旋下落經右胯側向上至胸前，拳心朝下；左手向上、向裡畫弧輕搭在右前臂內側，掌心朝裡；目視前方。（圖277、圖278）

圖279

【內功練法】

腰胯內氣隨身體前湧向後倚靠，右拳用掤擠內勁打出。

2. 右腳向東南隅位邁出，前腳掌著地，重心仍在左腳，成右虛步；同時，右臂內旋，右拳翻轉下扣，向內微畫弧，朝前打出，右拳眼斜朝下；左手隨右拳而出，掌心斜朝下，扶於右前臂內側；目視右前方。（圖279）

【內功練法】

肩內勁後頂，右臂內氣旋轉、含蓄，再向前通出。

## （八十三）退步跨虎

右腳向後撤半步，右膝微屈，重心移至右腳，左腳抬起，前腳掌點地，成左虛步；同時，右拳變掌沉落至右胯

圖280　　　　　　　　　　圖281

側，右臂外翻、上挑，升至頭右上方，掌心朝前；左手內
旋前伸，經腹部按於左胯側，掌心朝下；目視前方。（圖
280、圖281）

**【內功練法】**

　　兩腿內氣下沉，腰背內氣垂向尾閭，蓄勁挺腰如坐三腳
凳。右臂用捌靠勁、左臂用採捌勁，對稱相拉，如拉弓勁。

## （八十四）轉身雙擺蓮

　　1. 身體向右後轉，面朝西，右腳尖外撇，左腳尖內
扣；同時，右臂內旋下落，右手向右畫弧掄擺至腹前於西
北隅位，掌心朝下，左臂與之平行相隨，左手向裡、向上
穿出，掌心朝上；隨即左腳經右腳內側向前邁出，左腿屈

圖282

圖283

膝前弓，成左弓步；左手微外旋向前上方穿伸，掌指朝
前，掌心朝上，右掌經胸前向下按至左肋旁。目視左前
方。（圖282、圖283）

【內功練法】

　　腰胯內氣帶動雙臂運行，右臂用採捋勁，左臂含按擠
勁。

　　2. 身體右轉，重心左移，面向東北隅位，左腳內扣；
同時，左手向裡畫弧，雙臂於胸前交叉；隨即右腳收回經
左腳內側向左、向上、向右上方直腿掄擺，右腳面分別拍
擊左掌、右掌；目視右上方。（圖284、圖285）

圖284

圖285

【內功練法】

腿內氣鬆沉，用腰胯內勁帶動腿的掄擺，手臂隨腿掄擺由右向左腳面迎擊左右手，進行按兩下拍。

## （八十五）彎弓射虎

右腳下落於身體右後方，身體右轉，右腿屈膝前弓，左腿蹬直，面向正北；同時，兩手變拳，向下平行畫弧至腹前，雙臂內旋，左拳向左前打出，高與胸平，拳心朝下；右拳向上畫弧架於右耳側，拳心朝外；目視左前方。（圖286—圖288）

【內功練法】

尾閭下沉，四梢俱張，左臂發掤按勁，左手如拉弓

圖286

圖287

圖288

柄。右臂發擠靠勁，如拉弓弦。整式如拉弓射箭一般，注意手與腰向兩個方向同時發勁。

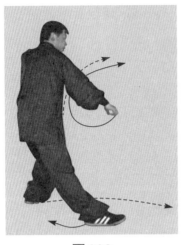
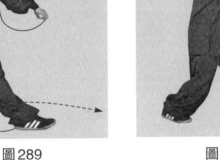

圖289　　　　　　　　圖290

## （八十六）卸步搬攔捶

1. 重心先後移，右腳後移半步，重心再前移至右腳，左腳向東邁一步，左腿屈膝前弓，成左弓步；同時，右拳向下、向裡順時針畫弧外旋，經腹前至右胸前，向右前方打出，左掌隨右拳畫弧護於右腕；目視前方。（圖289、圖290）

【內功練法】

右拳向前打出與身體形成伸拉勁，腰胯內勁後坐，右臂先通採勁，後通擠按勁。

2. 重心先後移再前移，右拳隨身體回撤收至右肋側，左臂從腹前橫掌平畫，掌心朝下，至左肋前向外翻掌，掌

圖291

圖292

心護面，指尖朝上，右拳同時從胸前掏出外翻，拳心朝內；隨即重心後移，右拳收至右肋側，左掌下伸，掌心朝右；重心前移，右拳向前打出，拳眼朝上，左掌扶於右前臂內側，指尖朝上；目視前方。（圖291—圖293）

【內功練法】

內氣隨身體前移、後撤，沉腰坐胯，前後悠蕩。

圖293

左手用掤勁，隨後翻轉用捌勁，內氣下沉再返起，兩臂內氣相通，向外擴散。

223

圖294　　　　　　　　圖295

## （八十七）如封似閉

動作及內功練法與（十四）如封似閉相同，參見圖88—圖91。

## （八十八）十字手

動作及內功練法與（十五）十字手相同，參見圖92—圖98。

## （八十九）合太極

雙臂下垂，兩腿隨雙臂下落緩慢伸直，左腳收至右腳旁，兩腿併攏；目光內斂。（圖294、圖295）

【內功練法】

意守丹田，全身放鬆，安靜片刻，自由活動。

# 孫德明老師授拳印象

　　孫德明老師傳授的楊式太極拳，是和汪永泉先師一脈相承的。他的示範動作和內功運用，突出了招中有術、術中有招的特點，表現出理論和方法應用於技擊的奧妙。孫老師在教學過程中，經常教導學生：太極功夫的提高，關鍵在於內氣的培養，而內氣在技擊中發揮作用，必須由身形、手勢巧妙施展。

　　孫老師追隨汪永泉先師多年，他能夠較好地接受汪永泉先師傳授的有利條件是：自幼習武所打下的堅實基礎，他早年便學過楊式太極拳小架套路及技擊功法，在進入汪門之前，曾師從楊式太極拳傳人崔毅士10年。

　　孫老師博採各家之長，融化在自身的功夫之中，最終接受了汪脈內功的精髓，形成他個人以汪脈為主流的楊式太極功夫。孫老師不但繼承了汪永泉先師獨特的技擊功夫，而且發揚了汪永泉先師的高尚品德。他德高望重、學風嚴謹、為人和善。

　　目前孫老師已年過八旬，依然主持教學，並且在弟子的協助下，根據親身體驗研究楊式太極功夫的理論與實踐，著書立說，以了盡責之心願。

尊師重道是中華民族的美德，以積極的態度對待教學，善於解決傳承與創新的問題，師生們能夠開誠佈公的溝通是孫老師授拳的特點。回顧楊式太極拳發展歷程，不難看出歷代宗師的共性和個性、進展和演變，沒有幾代人持之以恆的鑽研和改進，就推不出完整的有價值的拳譜。人的自然條件和社會環境不同，決定各自的特點。在共同習練武功的時候，每個人都會有不同的體驗和理解，不可能完全一致。成績最好的門徒也難與師傅一模一樣。倘若停滯在模仿層次，就會失去取得更高成就的機會。而武術界長期存在的缺憾正是「一代不如一代」，真正實現「一代比一代強」是很不容易的。

在中華武術蓬勃發展突飛猛進的今天，許多門派都有出色的表現。在媒體，特別是電視上頻頻出現奇異功夫的節目，能人高手層出不窮，不少門派的工作也走上現代化道路，形勢逼人，發人深省，催人奮進，時不我待。汪脈楊式太極功夫必須迎頭趕上。當前迫切需要的是，擺脫舊思想，接受新思維，作出無愧於時代的貢獻。

汪永泉先師為楊式太極拳留下的寶貴遺產，應當進一步挖掘和整理。但是，許多太極拳愛好者仍處於只知其然，不知其所以然的層次。大家都在苦苦求索，探尋其中的真諦。而這些奧秘並非太極拳界或一門學科可以勝任，需自然科學、生命科學等多方面共同協作，這也是許多有識之士多年的夙願。孫德明老師也是擔負這一使命的志願者之一。他與弟子們協作盡力，將有限的體驗、領會保留下來，以備後人進一步研究之用。

在楊式太極拳技擊功夫方面，汪永泉先師生前介紹過

的勁法不下幾十種，《楊式太極拳述真》一書整理歸納出來的只是一部分。在一系列精彩勁法中，常為人們所稱道的是彈簧力的奧妙。就是內氣充盈達到鬆、散、通、空的程度所形成的「周身彈簧力」，使對方碰到我方任何部位時，都能反射到對方身上，使之自然彈跳出去。以至更高層次的神、意階段，用意念和眼神即可引導內氣運行。諸如這類優異的功夫，後人自當進行透徹的研究，並且練在自己身上，再傳給他人。

汪永泉先師在談到自己的功夫時，謙虛地說「其實我沒有什麼，只不過是熟練」，質樸的語言表達了確切的真理——奇異的功夫是勤學苦練、潛心鑽研的結果。想輕易地找到竅門是不現實的，空泛的議論更不等於練就真功。在拳譜著述中，以語言文字表達高深功夫，自然有其局限性。在寫作過程中出現重重困難是不可避免的，要突破很難說清楚的難點，就要對拳架儘量作出明確解釋，必須考察追溯前人的著述和文獻，探尋其根源及來龍去脈。

協助孫老師整理授拳經驗，闡明招中有術、術中有招、招術結合，需要付出艱辛的勞動，要有高度負責和真誠奉獻的精神，才能保證完成這一使命。對待寶貴的文化遺產，既要保持其本來面目，又要使後來人容易理解。從事這項工作，既要勇於探索，又要謙虛謹慎，盡可能使成果收到實效。書稿不但經孫老師指點，而且廣泛徵求了意見，接受批評和建議，進行了認真修改和補充。

太極功夫既要講究武藝，又要弘揚武德。達到一定層次的內功勁法，可能會使其他門派的對手折服。但是，太極功夫的基本精神應當體現在仁義舉止、平和心態，並非

227

你死我活的爭鬥。

　　處於趨向和平發展的當今世界，在技擊活動中更需要以善意切磋技藝，克服爭強好勝、獨霸一方的意念。不鬥狠、不傷人，強調的是博採眾長、技擊與養生的互補。在眾多同道求索的路途中，如同從不同方向攀登一座高山，雖然路徑不盡相同，但頂峰卻是同一個。求同存異，各抒己見，團結奮進，尤為重要。

　　孫德明老師教導學生時刻不忘言行一致的準則，整理並出版楊式太極拳大、中、小架系列解析的宗旨是，促進楊式太極拳繼承者們的交流與合作，使這項中華文化瑰寶能在世界上發揚光大。

　　弘揚太極文化更需要群策群力，互助合作，透過各種形式的交流，共同提高。整理孫德明老師的教學經驗，也要從幾代傳人的成就中汲取精華，並對不同的理解和想法作深入的研究，展開認真的討論。

# 孫德明拳照及說明

　　孫老師下列拳照拍攝於 2002 年，年屆八旬仍風姿不減。此時他已完全進入以意導氣、以氣運身階段，對一些姿勢的準確到位忽略不計。在老拳友眼裡，這才體現了功夫的深入精湛，但對初練者恐有誤導，故選編了一部分拳照，以資參考。

起　勢

攬雀尾掤勢

攬雀尾擠勢

斜單鞭

提手上勢

摟膝拗步

手揮琵琶

海底針

肘底捶

倒捲肱

雲　手

左蹬腳

栽　捶

打虎勢

雙風貫耳

野馬分鬃

玉女穿梭

金雞獨立

下　勢

白蛇吐芯

單擺蓮

上步七星

退步跨虎

雙擺蓮

彎弓射虎

收　勢

# 後記

孫德明老師自幼喜愛武術，接觸並研習過多種門派的拳架套路。他曾就教於武師商寶善，追隨過崔毅士大師10年，師從過汪永泉大師10年。功底深厚、武德卓越。

在孫老師年近86歲高齡之際，總結、彙集、解析孫老師對楊式太極拳三套拳架的經驗，已經刻不容緩，雖然編寫組成員齊一、楊瑞、趙樹楓、馬京鋼、李貴臣、張振江、齊犁深感時間緊迫，力不從心，但無法推卸肩負的義務和責任。

在編寫組組長趙樹楓先生的推薦下，以《關於楊式太極拳之挖掘、傳承與推廣的研究》之題目，被正式列為了北京市哲學社會科學「十一五」規畫項目。

在記錄、整理、編寫、校對、拍攝影像資料的過程中，得到太極拳界的專家、許多拳友的大力支援和幫助，提出許多寶貴的建議與意見。如永泉太極研究會會長、汪永泉先師之子汪仲明先生，永泉太極研究會秘書長蕭維佳先生，拳友楊福泰、呂淑珍、郭連增、徐明等，劉五魁和段治鈞先生參加了修改、勘校工作。參與校對的有陳立欣女士，參加攝影的有張中承、黃美榮、劉小燕、芮春玲。還有一些拳友積極參與交流、研討，對本書的編寫工作給予了很大幫助。

　　人民體育出版社領導的支持和編輯李彩玲女士的熱心
協助，使此書得以順利出版。

　　在此謹向所有參與此項工作的人深表謝意。

編寫組

1. 若言. 恣肆汪洋 滴水藏海[J]. 中華武術，2009（8）：60

2. 王宗岳，等. 太極拳譜（清）[M]. 北京：人民體育出版社，1991

3. 汪永泉講授，魏樹人，齊一整理. 楊式太極拳述真[M]. 北京：人民體育出版社，1990

4. 太極拳全書[M]. 北京：人民體育出版社編印，1988

5. 北京體育院校教材編審委員會武術編選小組. 武術[M].北京：人民體育出版社，1961

6. 青山，石恒. 楊式太極拳：發勁、運氣、練勢[M]. 北京：北京體育大學出版社，2005

7. 李和生. 內功解秘：楊式太極拳老六路[M]. 北京：經濟管理出版社，2005

8. 張肇平，杜飛虎. 論太極拳[M]. 北京：北京體育大學出版社，2002

9. 陳炎林. 太極拳刀、劍、杆、散手合編[M]. 上海：上海書局，1988

10. 祝大彤，薛秀英. 太極內功解秘[M]. 北京：人民體育出版社，2004

11. 顧留馨. 楊式太極拳架與推手[M]. 上海：上海教育出版社，2005

12. 蘇耘. 楊式太極拳、劍、推手入門[M]. 北京：北京體育大學出版社，1999

13. 黃明山. 楊式太極拳傳統套路黃氏教學法[M]. 北京：北京體育大學出版社，2004

14. 馬禮堂. 養氣功健身法[M]. 北京：人民體育出版社，1985

15. 魏樹人. 楊健侯秘傳太極拳內功述真[M]. 北京：人民體育出版社，1999

16. 解守德. 太極內功心法[M]. 北京：人民體育出版社，2006

17. 劉碩，周榮. 家庭養生太極拳入門[M]. 北京：學苑出版社

18. 吳圖南傳授，于志均編著. 楊式太極拳——小架及其技擊應用[M]. 北京：北京體育大學出版社，2003

19. 李秉慈，翁福麒. 吳式太極拳拳械述真[M]. 北京：北京體育大學出版社，2000

20. 沈壽. 太極拳推手問答[M]. 北京：人民體育出版社，1986

21. 吳清忠. 人體使用手冊[M]. 廣州：花城出版社，2006

22. 漆浩. 實用太極拳防治百病手冊[M]. 北京：人民體育出版社，2003

23. 中華人民共和國體育運動委員會運動司. 太極拳運動[M]. 北京：人民體育出版社，1962

24. 張義敬，張宏. 太極拳理傳真[M]. 重慶：重慶出版社，2004

25. 尹振環. 帛書老子釋析[M]. 貴陽：貴州人民出版社，1998

26. 何宗思. 莊子洗心[M]. 雲南：雲南人民出版社，2006

27. 劉長修. 養生太極[M]. 吉林：吉林科學技術出版社，2005

28. 吳自立. 陳式太極拳拳法與經脈運行[M]. 南昌：江西科學技術出版社，2003

29. 劉新. 開脈太極[M]. 北京：人民體育出版社，2006

30. 關永年. 太極內功養生術[M]. 北京：人民體育出版社，2005

31. 王新午. 太極拳闡宗[M]. 山西：山西科學技術出版社，2006

31. 正坤. 黃帝內經[M]. 北京：中國文史出版社，2003

33. 王志遠. 楊式太極拳詮釋[M]. 北京：人民體育出版社，2007

34. 卓遠. 道教養生秘笈[M]. 北京：中國環境科學出版社，學苑音像出版社，2006

35. 劉長林. 中國象科學觀[M]. 北京：社會科學出版社，2008

36. 任繼愈. 老子繹讀[M]. 北京：北京圖書館出版社，2006

239